竹原健二・人間開発シリーズⅢ

高齢者の開発と介護福祉

社会福祉研究者　竹原健二

JN146323

本の泉社

【目次】

1. はじめに …………………………………………… 4
2. 人間（高齢者）開発と介護福祉 ………………… 8
   - (1) 人間（高齢者）の欲求及び要求と介護福祉の特徴／9
   - (2) 人間（高齢者）開発及び発達の介護福祉学／15
   - (3) センの福祉論／18
3. 介護福祉利用の高齢者の生活水準 ……………… 27
   - (1) 効用・基本財・ケイパビリティ・アプローチの特徴と問題点／29
   - (2) ケイパビリティ・アプローチに基づく介護福祉の課題／37
4. 介護福祉の基本問題（矛盾）と課題 …………… 44
   - (1) 介護福祉の概念規定／45
   - (2) 本源的規定における介護福祉の使用価値の支援（労働）行為／58
   - (3) 歴史的規定における価値・剰余価値の介護福祉／60
   - (4) 統一（総合）規定における介護福祉と課題／70

1. はじめに

　日本（現代資本主義社会）において、「いま、社会保障は大きな危機に直面している。なかでも介護保険は、利用者負担の増大、保険料の引き上げ、要支援1・要支援2の高齢者のサービス切り下げ、サービスの保障よりも『自立』を優先するケアマネジメントなど、対象制限・給付削減・負担増大の改革が強行されている。」（岡崎祐司・福祉国家構想研究会編『老後不安社会からの転換』大月書店、2017年、1-2頁）また介護保険制度の創設実施に関わった元厚生労働省老健局長も指摘されているように、「介護保険の改正では、例えば特別養護老人ホームの入所対象が原則要介護3以上に限定されました。また、要支援の人に対する訪問介護とデイサービスの予防給付を廃止し、市町村の『事業』に移行させることになっています。このように介護保険サービスの給付の『範囲』がどんどん縮小されていけば、まじめに保険料を払った人がいざ介護保険サービスを受けようとしても受けられない場合が出てきて、『だまされた』と思うに違いありません。社会保険は国と国民との約束なのです。国が約束を守らないようでは国家的詐欺と言われても仕方がない。」（2016年10月2日の『赤旗』の日曜版）

　そして介護保険法・老人福祉法自身及び介護保険法・老人福祉法の時事問題の批判的検討は、一般的に行われており重要である。しかし老人福祉法及び介護保険法の本質の解明は、「法的（老人福祉法及び介護保険法─挿入、筆者）諸関係……、それ自身で理解されるものでもなければ、またいわゆる人間精神（共に生きる福祉の精神、ボランティアの精神、自己責任の精神、愛の福祉精神、自立の精神等─挿入、筆者）の一般的発展から理解されるものでもなく、むしろ物質的な生活諸関係、そういう諸関係に根ざしている」（カール・マルクス【武田隆夫・その他訳】

『経済学批判』岩波書店、1956年、12-13頁)ので、その本質解明は資本主義社会の生産様式(生産様式は、生産力と生産関係の統一である)との関連で解明されなければならない。つまり「従来の福祉(介護福祉及び老人福祉─挿入、筆者)国家論は常に資本主義的生産関係を前提にしていた。あるいは福祉(介護福祉及び老人福祉─挿入、筆者)国家は、生産関係とは無関係な人間(高齢者─挿入、筆者)の権利に関する問題であるとされてきた」(聴濤弘著『マルクス主義と福祉国家』大月書店、2012年、148頁)。それ故、筆者は介護福祉及び老人福祉を「人間(高齢者)の権利(「権利というのは、社会の経済的な形態、およびそれによって条件づけられる社会の文化の発展よりも高度ではありえないのである」〔マルクス／エンゲルス・後藤洋訳〕『ゴータ綱領批判』新日本出版社、30頁)に関する問題であること」を堅持し発展させていくと同時に、資本主義社会の生産様式との連関で介護福祉の批判的な検討をしていくことが科学＝弁証法的唯物論及び史的唯物論(介護福祉及び老人福祉観察や介護福祉及び老人福祉実践・介護福祉及び老人福祉労働によって実証していく法則的・体系的知識)方法であると考えるし、しかもアソシエーション(アソシエーションとは、介護福祉及び老人福祉労働の労働手段の共同占有の下で、個々の協同組合、さらには、個々の労働者の徹底した自治＝当事者主権による介護福祉労働者の個人的所有【所得】を再建する協同組合の連合社会の事である)社会における介護福祉も展望している。そして従来の介護福祉論は、科学方法論が欠けている為、介護福祉の本質を看過した現象論(社会福祉基礎構造改革後の介護福祉に順応した介護福祉概論、介護福祉の変容の解釈論及び介護福祉のモデル論、実用的な介護福祉実践論、歴史的かつ介護福祉問題性を看過した単なる実証主義的な介護福祉論、外国の介護福祉の啓蒙論等)が多い。また「財貨(生活保護費及び高齢者の年金、介護保険によるサービス等─挿入、筆者)の支配は福祉(高齢者の生活過程における健康で文化的な状態─挿入、筆者)という目的のための『手段』であって、それ自体と

して目的にはなり難い。」(アマルティア・セン〔鈴木興太郎訳〕『福祉の経済学』岩波書店、44頁)。しかも「従来の福祉(介護福祉―挿入、筆者)観がどちらかというと財貨(生活手段―挿入、筆者)の側に視点を置いて平等な福祉(介護福祉―挿入、筆者)観を論じてきたのに対して、視点を180度転換して、人間(介護福祉利用の高齢者―挿入、筆者)の側に移したのです。生存に必要なさまざまなモノ(介護福祉労働によるサービスそのモノあるいは老人福祉法や介護保険制度の法制度そのモノの生活手段―挿入、筆者)は、人間(介護福祉利用の高齢者―挿入、筆者)にあたって不可欠なものであるが、そのモノ(介護福祉労働【施設の建物モノや施設内で提供される食事等の介護福祉労働手段も含む】によるサービスそのモノあるいは老人福祉法や介護保険制度の法制度そのモノの生活手段―挿入、筆者)の価値はそれを活用する人間(介護福祉利用の高齢者―挿入、筆者)の潜在能力によって可変的である。したがって、人間(介護福祉利用の高齢者―挿入、筆者)生活の福祉を考える場合にはモノ(介護福祉労働によるサービスそのモノあるいは老人福祉法や介護保険制度の法制度そのモノの生活手段―挿入、筆者)それ自体ではなく、それを使用して生きる人間(介護福祉利用の高齢者―挿入、筆者)の潜在能力に視点を移して、その発展を考えなければならない、[2]」(傍点、筆者)と明言する事ができるが、しかし筆者は人間(介護福祉利用の高齢者)が生きていく為には衣食住(モノ)が絶対的に必要なので、介護福祉労働によるサービスそのモノあるいは老人福祉法や介護保険制度の法制度そのモノの生活手段と生活手段そのモノを使用して生きる人間(介護福祉利用の高齢者)が生きている限り続けなければならない生活活動(機能)の基盤である人間らしい健康で文化的な潜在能力(抽象的人間生活力＝人間が生活する際に支出する脳髄・神経・筋肉等を意味する・抽象的人間労働力＝人間が労働する際に支出する脳髄・神経・筋肉等を意味する)の維持・再生産・発達・発揮を統一的に捉えていく事が重要であると考える。また、野上裕生氏が指摘されているように、「ひ

と（高齢者―挿入、筆者）が生きていることを実感できるのは、（生活手段の使用価値を活用して―挿入、筆者）日常の生活や社会活動を十分に行っている時の方が多い。そうすると、福祉を見るときには所得（生活手段―挿入、筆者）や余暇だけではなく、実際の人（高齢者―挿入、筆者）の生活活動（機能）の状況を詳しく見た方がよい。しかし、日本語の『福祉』や『幸福』といった言葉はひと（高齢者―挿入、筆者）の具体的な活動から離れた抽象的なものになりがちである。」（傍点、筆者【野上裕生「アマルティア・センへの招待」絵所秀樹紀・山崎孝治編『アマルティア・センの世界』晃洋書房、2004年、2頁】）つまり、「ひと（高齢者―挿入、筆者）は財や所得（資源）を使って生活上の必要を充たし、健康を維持し、その結果、歓びや失望を経験する。だからひと（高齢者―挿入、筆者）の生活の良さを評価するには（高齢者が介護問題から克服していく状況を評価するには―挿入、筆者）、このような人（高齢者―挿入、筆者）の生活過程全般をきめ細かく見なければならない。」（野上、前掲書、2頁）

　さらに述べておきたい事は、論争を促進していくのは学会の役割であると思われるが、介護福祉及び老人福祉の世界で「世を動かすほどの論争がまったくなくなってしまった。それぞれが自分の持ち場で紳士的にものをいい、『他流試合』をしなくなってしまった。これは一種の『知的頽廃』現象である。論争がなければ世の中は変わらない。……いま誰か一人が『正解』を持っているほど単純な世界ではない。意見はいろいろある。……意見を交換し論争も行い進歩に向けて大きな輪をつくっていくことが求められている。」（聴濤、前掲書、194-195頁）と言う言葉には感銘した。筆者のこの著書が論争の契機になれば望外の喜びである。

2. 人間（高齢者）開発と介護福祉

はじめに

　今日、人間（高齢者）開発（社会福祉における人間開発の事業というのは、社会福祉を合法則的に発展させる事を通じて実現されるものである。その為には、社会福祉の法則性を洞察し、社会福祉を科学的に把握する事が重要である）＝潜在能力の発達・発揮の研究が、国連開発計画[1]など国連機関の場で提起され、これが21世紀に向けての社会福祉の新しい理念となりつつある。そして、介護福祉利用の高齢者の人間開発（潜在能力の発達・発揮）によって、介護福祉利用の高齢者が介護福祉労働（施設の建物や施設内で提供される食事等の介護福祉労働手段も含む）を能動的・創造的かつ受動的に享受し、人間らしい健康で文化的な生活（人間らしい健康で文化的な生活活動【機能】の基盤である潜在能力の発達・発揮の成就の享受を向上させていく（介護福祉利用の高齢者が介護福祉労働の享受の使用価値を高めていく）と言う点において人間（高齢者）開発（潜在能力の発達・発揮）の思想は重要である。

　ここでは、この人間開発（潜在能力の発達・発揮）の思想的淵源の一つに成っているアマルティア・セン（ノーベル経済学賞の受賞者）の福祉を検討し、その人間開発（潜在能力の発達・発揮）に対するセンの理論がどのような意義を持ち、そして同時にどのような問題点（限界）があるのかを考察していきたい。

　まず第1に福祉の特徴を整理し、次に国連開発計画による人間開発（潜在能力の発達・発揮）論がどのように提起され、それが人間開発（潜在能力の発達・発揮）政策にどのような方向転換を意味しているのか、ま

たそれが人間開発（潜在能力の発達・発揮）指標の開発・利用においてどのような変化を導いたかについて考察する。第2にセンの福祉の根幹と言うべきケイパビリティ論は、経済学の主流派の価値論を形づくっている効用論（効用論は、快楽・幸福・欲望等といった心理的特性によって定義される個人の効用のみに究極的な価値を見いだす論である）に対してのもう一つの価値論を展開していると言う事である。つまり、人間の多様な基礎的生活活動（機能「functioning」）の組み合わせ間の自己選択・自己決定の自由の拡大と言う要因を強調する事によって（こうした点を強調するのは、前述したように、次のような点にある。つまり、人が生きている事を実感できるのは、日常の生活活動や社会活動を十分に行っている時の方が多い。そうすると、福祉を考える時、福祉サービスや所得等の生活手段のみに注目するのではなく、実際の人の生活活動と生活状態の状況を詳しく見た方が良い事になる）、新しい人間開発（潜在能力の発達・発達）思想の基礎となる事ができる。

　以上の2点を検討する事によって、人間開発（潜在能力の発達・発揮）がいかに介護福祉利用の高齢者にとって介護福祉の使用価値を高めていく事に連結していくかが認識され、介護福祉学のパラダイム（paradigm）転換に寄与できればと思う。

(1) 人間（高齢者）の欲求及び要求と介護福祉の特徴

①人間（高齢者）の欲求及び要求と経済学

　我々が生きている限り続けなければならない人間の生活（人間らしい健康で文化的な生活活動〔機能〕の基盤である潜在能力〔抽象的人間生活力・抽象的人間労働力〕の維持・再生産・発達・発揮の成就）は、人間が労働において自然に働きかけると同時に、人間相互にも働きかけて、人間の種々の欲求（要求）を満たす為に必要な物質的なものやサービスを生産し、分配し、消費（享受）する事によって成り立っている。経済

学と言う学問は、こうした人間生活の諸法則を、人間が種々の欲求（要求）の充足手段を獲得し享受するに際しての、人間と自然との相互関係及び人間と人間との相互関係に則しての研究を行う学問である（介護福祉学の学問も同様である）。このように考えられた経済学は、それ自体の内に人間開発（潜在能力の維持・再生産・発達・発揮）の経済学が含まれていると思われる（介護福祉学の学問も同様である）。

まず経済学の原点に位置する人間の欲求（要求）と言う契機に注目し、欲求（要求）と人間開発（潜在能力の維持・再生産・発達・発揮）との関連について考えてみる。森岡孝二氏が指摘されているように、「人間の日々の生活を見ると理解できるように、飲食、衣着、住居、保育、福祉、医療、娯楽等の多種多様な生活手段に対する欲求（要求）を持っている。これらの内、所謂衣食住に関係する生理的及び身体的欲求（要求）の最小範囲は、人間の生物的生存の為に絶対的に必要である（また、この種の欲求は、気象や風土等の自然的条件によって違いがある）。しかし、どんな種類の欲求（要求）であれ、人間の欲求（要求）のありよう、その種類、その範囲、その享受の仕方等は、第1に、人間とその社会の歴史的発展段階、特に文化段階によって条件づけられている。第2に、人間の欲求（要求）は、生産関係や家族・地域社会・社会集団の地域全体及び社会全体の共同的・社会的生活諸関係によって規定されている。第3に、人間の欲求（要求）は、その享受の手段（住居等の生活手段）の量と質、種類と範囲によって制約されており、欲求（要求）の享受手段の発展につれて発展していく[2]。」

こうした人間の欲求（要求）を満たすには、身体的・自然的欲求（要求）であれ、精神的・文化的な欲求（要求）であれ、身体器官の外に、種々の物質的及びサービスの生活手段が必要である筆者自身の日常生活に則して述べるならば、朝はまず時計の音に目を覚まし、布団から抜け出してトイレにいく。歯ブラシに練り歯磨きをつけて歯を磨く。水道の水で顔を洗い、タオルで拭く。朝食の食事をしながら新聞を読む。出勤

前に衣類をクリーニング屋に依頼（洗濯のサービスの依頼）する。そこでようやくバスで外出する。

　これら全て筆者が朝起きて外出するまでの生活上の欲求（要求）を満たす為に必要とする物質的及びサービスの生活手段である。サービスや財（生活手段）には空気や日光等のように自然の状態のままで人間の欲求（要求）を満たすものもあるが、殆どは人間が自然や人間に働きかけて、自然の物質を生活で使用できる形態に変化させたものだと言う意味において、労働の生産物である。

　しかし、労働の生産物である生活手段は現代資本主義社会においては殆んど商品形態をとっている。商品を取得（購買）するのには、一定の生活手段である所得（貨幣）が必要である。ところが労働者が停年・失業・疾病・傷害・障害等によって低所得や貧困に陥った場合、生活手段（商品）の購買力に不足・欠如が生じてくる。この場合、生存権（憲法第25条）としての社会福祉や社会保障が必要となってくる。つまり、経済学とは本来、福祉（well-being）の増進・向上を追求する学問[3]であると言う見解を肯定するならば、福祉と経済の合成語である福祉経済は、社会問題としての介護福祉問題を担った高齢者に対する福祉サービス・所得（生活手段）の再分配・機能[4]及び消費（享受）の支援[5]を研究対象とする社会科学の学問（学問とは、一定の理論「理論とは、科学〔科学とは、福祉観察や福祉実践・福祉労働等の経験的手続きによって実証された法則的・体系的知識を意味する〕において社会問題としての介護福祉問題と介護福祉労働の事実〔科学は理念・思弁や仮定等から出発するのではなく、事実から出発するのである〕や認識を統一的に説明し、予測する事のできる普遍性を持つ体系的知識を意味する」に基づいた法則〔法則とは、いつでも、またどこでも、資本主義社会の生産様式の条件の下で成立する社会問題としての介護福祉問題と介護福祉労働との普遍的・必然的関係を意味する〕的・体系的知識と方法と言う事を意味する）になる。

②介護福祉の特徴

　従来の経済学による生活評価は、人の持っている財や所得の手段の程度を基準にするものと、本人の主観的な幸福感に注目するものとに分かれている。従来、介護福祉の生活評価も老人福祉法及び介護保険制度の手段そのものの整備程度や水準のみを基準あるいは焦点としていた（老人福祉法及び介護保険制度〔生活手段〕等そのものの整備程度や水準は重要であるが、老人福祉法及び介護保険制度等そのものの整備程度や水準は直接的に福祉ではない。と言うのは、介護福祉利用の高齢者が老人福祉や介護保険制度等を使用する事によって、人間らしい健康で文化的な潜在能力〔抽象的人間生活力・抽象的人間労働力〕の維持・再生産・発達・発揮を成就して初めて介護福祉となると考えている）。つまり、介護福祉は、生存権保障として介護福祉利用の高齢者に老人福祉法及び介護保険制度等の生活手段の保障と供に老人福祉法及び介護保険制度等の生活手段そのものを使用して何をなしうるかあるいは介護福祉利用の高齢者はどのような存在でありうるかと言う点が焦点となる。介護福祉利用の高齢者を中心に置き、しかも人間らしい健康で文化的な潜在能力〔抽象的人間生活力・抽象的人間労働力〕の維持・再生産・発達・発揮の成就の実現（福祉＝well-being）の際に老人福祉法及び介護保険制度等の生活手段そのものの固有価値だけに注目するだけでなく、介護福祉利用の高齢者のケイパビリティ（潜在能力）の多様性に注目していく必要性をアマルティア・センは次のように指摘する。

　「一例としてパンという財を考えよう。この財は多くの特性をもつが、栄養素を与えるというのもそのひとつである。この特性は、カロリー・蛋白質など、さまざまなタイプの栄養素に分解できるし、そうすることはしばしば有用である。栄養素を与えるという特性に加え、パンはその他の特性、例えば一緒に飲食する集まりを可能にするとか、社交的な会合や祝宴の要請に応えるといった特性をもっている。ある特定時点における特定の個人は、より多くのパンをもつことにより、ある限度内

でこれらの仕方（すなわちカロリー不足なしに生存すること・他人をもてなすことなど）で機能する能力を高めることができる。しかし、二人の異なる個人を比較する際には、ただ単に二人の個人がそれぞれに享受するパン（あるいはそれに類した財）の量をしるだけでは、十分な情報を得たことにはならない。財の特性を機能の実現へと移す変換は、個人的・社会的なさまざまな要因に依存する。栄養摂取の達成という場合にはこの変換は（一）代謝率、（二）体のサイズ、（三）年齢、（四）性（そして女性の場合には妊娠しているか否か）、（五）活動水準、（六）（寄生虫の存在・非存在を含む）医学的諸条件、（七）医療サービスへのアクセスとそれを利用する能力、（八）栄養学的な知識と教育、（九）気候上の諸条件、などの諸要因に依存する[6]。」

　つまり、アマルティア・センが指摘されているように、人（介護福祉利用の高齢者）の福祉＝well-being を考えていく場合、ひと（介護福祉利用の高齢者）の前述した多様なケイパビリティを踏まえて、人（介護福祉利用の高齢者）がなしうること（doing）となりうること（being）に注目していく事が重要であると言う事である。またアマルティア・センによれば、「福祉（well-being）」の評価を富裕つまり実質所得（生活手段）のみに焦点を合わせたり、効用や満足のみに焦点を合わせるのではなくて、人（介護福祉利用の高齢者）が機能するケイパビリティ、即ち人（介護福祉利用の高齢者）はなにをなしうるか、あるいは人（介護福祉利用の高齢者）はどのような存在でありうるかと言う点にこそ関心を寄せるべきであると言う事になる。福祉サービス・財貨は特性（固有価値）を備えているが、福祉サービス・財貨の特性（固有価値）は、人（介護福祉利用の高齢者）がそれを使用して何をなしうるかを教えてくれない。人（介護福祉利用の高齢者）の「福祉について判断する際には、彼／彼女（介護福祉利用の高齢者―挿入、筆者）が所有する財の特性に分析を限定するわけにはいかない。われわれは、ひとの『機能』（functioning）にまで考察を及ぼさねばならないのである。財の所有、

従ってまた財の特性に対する支配権は個人（介護福祉利用の高齢者－挿入、筆者）に関わることであるが、財の特性を数量的に把握する方法はその財を所有するひとの個人（介護福祉利用の高齢者－挿入、筆者）的特徴に応じて変わるわけではない。自転車は、それをたまたま所有するひとが健康体の持主であれ、ひとしく『輸送性』という特性をもつ財として処理されてしまう。ひとの福祉について理解するためには、われわれは明らかにひとの『機能』にまで、すなわち彼／彼女（介護福祉利用の高齢者－挿入、筆者）の所有する財とその特性を用いてひとはなにをなしうるかにまで考察を及ぼさねばならないのである。例えば、同じ財の組み合わせが与えられても、健康なひとならばそれを用いてなしうる多くのことを障害者（高齢障害者―挿入、筆者）はなしえないかもしれないという事実に対して、われわれは注意を払うべきである[7]。」（傍点、筆者）とするならば、老人福祉法及び介護保険制度の手段そのものの整備程度や水準等の生活手段の不足・欠如の側面と生活手段の不足・欠如から関係派生的に生成してきた福祉利用者の多様なケイパビリティ及びそのケイパビリティの維持・再生産・発達・発揮の阻害の側面を統一的に捉え、さらに両者の関係（機能）にも注目していく事が重要であると言う事である。そして、こうした捉え方は、介護福祉利用の高齢者を中心においた考え方であり、介護福祉利用の高齢者が人間らしい健康で文化的な生活の享受に成功する多様な機能（機能とは人が成就しうる事―彼／彼女〔介護福祉利用の高齢者〕が行いうる事、なりうる事―である。それは言わば人〔介護福祉利用の高齢者〕の「福祉状況」の一部を反映するものであって、これらの機能を実現する為に使用される老人福祉法や介護保険制度等の生活手段そのものとは区別されなくてはならない。自転車〔生活手段〕を乗り回すことが自転車〔生活手段〕を所有することから区別されなくてはならないというのは、その一例である[8]）と介護福祉利用の高齢者がこれらの機能を達成する生活活動（機能）の基盤であるケイパビリティの多様性及びその不足・欠如にも注目していく事

が重要である。

　従って、介護福祉学は、老人福祉及び介護保険制度等によるサービスの再分配の介護福祉政策のあり方、再分配された介護保険制度等の生活手段そのものを介護福祉利用の高齢者が人間らしい健康で文化的な生活に変換していく、あるいは人間らしい健康で文化的な生活活動（機能）の基盤である潜在能力（抽象的人間生活力・抽象的人間労働力）の維持・再生産・発達・発揮の成就を研究していく学問である。つまり、生存権保障として介護福祉利用の高齢者の多様性を踏まえた生活手段（老人福祉・介護保険制度等による介護サービス及び所得等）の保障と介護福祉利用の高齢者の生活活動（機能）の基盤である潜在能力の維持・再生産・開発＝発達・発揮を行っていく機能、介護福祉利用の高齢者の機能に対する介護福祉労働・介護福祉実践のあり方等を研究対象とするところに特徴がある。

（2）人間（高齢者）開発及び発達の介護福祉学

①国連開発計画による人間開発及び発達論[9]

　今日、開発は経済開発（例えば、国民総生産＝GNPの向上等）から人間開発（潜在能力の発達・発揮）に重点が移ってきている（勿論、生活手段として国民総生産の向上が重要であると言う事は言うまでもない）。国連開発計画による人間開発（潜在能力の発達・発揮）を見ると、次のように指摘している。国連開発計画による人間開発（潜在能力の発達・発揮）とは、「人間の役割と能力を拡大することにより、人々の選択の幅を拡大する過程である。よって、人間開発とはこうした役割や能力の人間へ及ぼす結果を反映することにもなる。人間開発は、過程でありまた目的でもある[10]。」そして、「すべての開発段階での三つの基本的な能力とは、人々が長命で健康な生活を送り、知識をもち、人間らしい生活水準に必要な経済的資源を得られることである。しかし、人間開

発の守備範囲はこれ以上に拡大している。その他、人々が非常に大切だとしている選択肢には、参加、安全保障、持続可能性、人権保障などがあり、これらはすべて創造的、生産的であるために、また、自尊心や能力向上、地域社会への帰属意識をもって生きるために、必要なものである[11]。」ここでは、人間開発（潜在能力の発達・発揮）が所得・富（手段）の成長以上のことを示し、即ち人間による選択の拡大を意味すると定義されている。ここで、人間の多様な選択の中でも重要なものとして、保健、教育、人間らしい生活を維持できる収入、政治的自由、人権、人間の尊厳が挙げられている事に留意する事が重要である。これらの指摘は、収入の点を除いて、これまでの主流派経済学にとって「市場の外部」とみなされていた要因である。人間開発（潜在能力の発達・発揮）の介護福祉学が従来の介護福祉学のスコープ（scope）を大きく広げている。

　また、この国連開発計画では、人間開発（潜在能力の発達・発揮）過程が個人の選択・能力の拡大に留まらず、国家の義務を次のように指摘している。「国家には、主たる義務者として適切な政策を採用、実施し、最善を尽くして貧困を根絶する責任がある。そして政策の実施に関し、国家の説明責任を明確にする必要がある[12]。」国家の公共政策の義務を指摘している点は、国家の社会福祉も含めた公共政策の責任領域を縮小していこうとする資本主義社会の生産様式（土台）の上部構造に位置する新自由主義（新自由主義の考え方は、社会の資源配分を市場の自由競争で実現しようとする。そして、国家の経済への介入は市場の自由競争を制約すると言う事から、国家の福祉への介入も批判する。しかも市場の自由競争によってもたらされた生活の不安定や貧困を市場の自由競争の強化で解決しようとするもので、明らかに生活の不安定や貧困を拡大するものである）に対して貧困の介護福祉の批判の根拠となる。

　そして、人間開発（潜在能力の発達・発揮）の基礎概念として前述したケイパビリティと言う用語が出てくる。西川潤氏が指摘されているように、「開発の過程は少なくとも人々に対して、個人的にも集団的にも、

彼らの持つ資性を完全に発揮させることを可能とし、また、同時に彼らの必要や利害に応じた生産的、また創造的生活を営ませるに相当の機会を与える事を可能とさせるような政策環境を、つくり出さなければならない。人間開発は従って、人間のケイパビリティ―保健や知識の改善―を形成するという事以上に、これらのケイパビリティをいかに利用し、発揮していくか、という事に関連している。ケイパビリティの利用とは、仕事、余暇、政治活動、文化活動などいろいろな面で現れる。もし、人間開発の度合の中で、人間のケイパビリティの形成とその利用との間にずれが見出される時、人間の潜在能力の大きな部分は浪費されてしまうことになろう[13]」。西川潤氏が指摘されているように、このケイパビリティの用語は、後述するようにアマルティア・センの概念である。ケイパビリティは能力及び潜在能力の双方を指し、キャパシティ（capacity）と言う言葉とは異なる[14]。つまり、キャパシティはあるもの（こと）を生み出す力（例えば、米を生産する能力そのもの等）を指しているが、ケイパビリティ・アプローチは、「『機能を可能にする能力』も含めた『達成するための自由』に対する幅広い関心の上に立脚しているのである[15]。」そして、西川潤氏が指摘されているように、ケイパビリティの形成及び利用は個人の能力であると同時に、公共政策の責任でもある[16]（ここで、福祉の公共政策の責任とは、能力の形成及び発揮を保障していくような政策環境形成の責任である。ここに、近年、注目されている政策環境の問題が現れる[17]）。

②人間開発及び発達指標[18]

　今日までの経済学では、厚生または福祉の指標を一人当たりの国民総生産＝GNP（マクロ経済学）等で示されてきた。しかし、開発理念が経済成長から人間開発（潜在能力の発達・発揮）へと転回する時、人間らしい健康で文化的な生活＝福祉（well-being）を示す為の新しい指標が必要となる。国連開発計画では、人間開発（潜在能力の発達・発揮）

を測定する指標として人間開発（潜在能力の発達・発揮）指標を設定した。HDI（Human Development Indicators）は、前述した人間開発（潜在能力の発達・発揮）の定義に沿い、保健、教育、一人当たりの実質所得に関してそれぞれ指標を作成し、これらを合成したものである。その意味で、これはGNP指標と異なり、社会指標である言ってよい。

　HDIは、比較的簡単な操作可能な指標を用いる事によって、国際間の人間開発（潜在能力の発達・発揮）・社会開発度を比較する事を可能にした。HDIは国内総生産＝GDP（Gross Domestic Product）と同じマクロ・レベルの数字である為に、国内の所得分配の歪みを表示するものではない。また、一人当たりの実質所得はGNPを基盤としており、その為、経済成長を批判すると言うよりは、人間開発（潜在能力の発達・発揮）と経済成長の相関関係を肯定的に見て、また一方で、人間開発（潜在能力の発達・発揮）のもう一つの定義として挙げられた自由や人権をどのように測定するかと言う問題があったが、個人の安全、法の支配、表現の自由等について4つの指標を集め、これを合成した政治的自由指標（Political Freedom Indicators）を発表した（しかし、PFIが低いとされた発展途上国からの厳しい批判に晒され、その後放棄された）。

(3) センの福祉論 [19]

　アマルティア・センは効用主義（帰結の望ましさを判断する際に、個々の人の厚生、効用、満足だけを判断の材料にする立場が効用主義と呼ばれている）を批判し、社会行動の基礎としての共感（共感とは、他人が虐待を受けている事実を知って心を痛める事）に発しながらも、さらに個人の選択としての要因を強調するコミットメント（commitment）と言う概念を提起しているが、この概念の意味は次のような事である。つまり、自分の正義感に照らして不正な事に抗議する事は私たちの日常生活にある事は言うまでもない。譬えそれが自分の生活に直接関わらなく

ても、また時には自分の利益を損なうとしても、また自分の福祉（well-being）が下がる事を知った上であえて自分の価値を認める行動を選択する事をコミットメントと呼んでいる。人間の行動が、単に自己利益ばかりではなく、同時にコミットメントにも依存していると考える時、アマルティア・センの、ロールズの「正義の二原理（第一の原理は、基本的な権利と義務の割り当ての平等を求め、第二の原理は、社会的・経済的不平等は全ての人、とりわけ最も不遇な立場にある社会構成員の便益を結果的に補償する場合のみ、正義にかなうと主張する[20]）」に対する批判点が明らかになる。

　ロールズは、西川潤氏が指摘されているように、基本的自由を基礎として社会的不遇者に対する「最大の利益」の保障は、基本財（権利、自由と機会、所得と富、自尊等の社会的基礎としての「合理的な人間ならばだれでも望むであろうと推定される」財）の配分として現れると考えている[21]。しかしアマルティア・センは、西川潤氏が指摘されているように、この見方を物神崇拝的（物神崇拝とは、現代資本主義社会の商品生産社会にあっては、人と人との関係はものとものとの交換関係を通じてのみ成立する。つまり、物的依存の社会であり、これを物神崇拝的と呼ぶ）であると批判し、人間のベイシック・ケイパビリティの平等を認める事によって、初めて財に対する主観的効用とも、基本財の配分の平等とも異なった福祉の柱が構築できると考えた[22]。ケイパビリティ論の基礎として、エンタイトルメント（entitlement）の考え方がある。エンタイトルメントとは、社会や他人から与えられた権利（社会保障等の受給権など）や機会を使用して、ある個人が自由に使用できる財貨の様々な組み合わせの事である。実際に人々の間で所有されかつ交換されるかは、このエンタイトルメントのあり方によって決まる。例えば、高齢者の場合、年金制度や生活保護制度等によってどのくらいの財貨が得られるかがその人のエンタイトルメントを決める事になる。つまり、西川潤氏が指摘されているようにエンタイトルメントは、権利の行使に

よって獲得された財貨・サービスの支配、またそれらに対するアクセス情況であって、あるいは人間の権利に基づいて、生存権等の人権を保障する財貨・サービス基盤を指す概念であって、単なる規範的な概念ではない[23]。

　ある人間の基本的生活活動（機能）とは、西川潤氏が指摘されているように、十分な栄養を摂取すること、早死にを防いだり、病気の際に適切な医療を受けたりする事等、生に関する基本的な諸生活活動から、自尊心を持ったり、幸福であったり、地域生活に積極的に参加したり、他人に認められたりする、より複雑な生活活動まで、多様なものを含むが、重要な事は、これらの諸生活活動の組み合わせを選択していく事によって、人間の生活活動（機能）の基盤であるケイパビリティが明らかになってくる事である[24]。

　従って、生活活動（機能）の基盤であるケイパビリティとは、西川潤氏が指摘されているように、人間（介護福祉利用の高齢者）が基本的生活活動（機能）の選択を通じて、多様な可能な生の間に選択を行っていく事を指す[25]。人間（介護福祉利用の高齢者）が基本的生活活動（機能）を実現していく生活活動（機能）の基盤であるケイパビリティは人間（高齢者）にとっての介護福祉（well-being）に密接に関係があり、またより良い介護福祉（well-being）が達成されるかどうかは、基本的生活活動（機能）を自己選択・自己決定し実現する人間（高齢者）の生活活動（機能）の基盤であるケイパビリティにかかっていると言っても過言ではない。何故ならば、年金や生活保護費等の生活手段そのものの特性（使用価値）を活用する能動的・創造的活動と受動的・享受的活動のケイパビリティに不足・欠如があったならば、年金や生活保護費等の生活手段そのものの特性（使用価値）を生活目的（人間らしい健康で文化的な生活あるいは人間らしい健康で文化的な潜在能力〔抽象的人間生活力・労働力〕の維持・再生産・発達・発揮の実現〔成就〕）に変換していく事が不十分あるいは不可能となる。つまり、福祉（well-being）

は福祉利用者の生活活動（機能）の基盤であるケイパビリティを基礎とした日常の生活活動を通して、年金や生活保護費等の生活手段そのものを福祉（well-being）に変換していく必要があるから、年金や生活保護費等の生活手段そのもののみに焦点を合わせるのではなく、年金や生活保護費等の生活手段そのものの量的及び質的保障（福祉政策的労働・実践）の側面と同時に、介護福祉利用の高齢者は年金や生活保護費等の生活手段そのものを活用して何をなしうるか、あるいは介護福祉利用の高齢者はどのような存在でありうるかと言う機能（機能への福祉臨床的労働・実践による支援）の側面の統一的視点が重要となる。

以上のように、介護福祉利用の高齢者の生活活動（機能）の基盤であるケイパビリティ、基本的生活活動、エンタイトルメントとの関係を理解するならば、介護福祉における人間開発（潜在能力の発達・発揮）の重要性が明らかになってくる。

おわりに

西川潤氏が指摘されているように、このアマルティア・センのケイパビリティ論が国連人間開発報告書の基礎となったのはそれなりの意義がある。と言うのは、国際開発の分野で、人間開発（潜在能力の発達・発揮）が経済開発と同時に、人間の自己選択・自己決定の生活活動（機能）の基盤であるケイパビリティの拡大として捉えられるようになってきたからである[26]（それと供に、開発指標もGNP指標に代わって社会指標が重視されるようになり、福祉、保健、教育、実質購買力等に基づく人間開発指標が作られ、用いられるようになった[27]）。

ケイパビリティ論は、西川潤氏が指摘されているように、人間の福祉（well-being）を基本的生活活動の組み合わせを自己選択・自己決定し、福祉（well-being）を実現（成就）していく生活活動（機能）の基盤であるケイパビリティの拡大にあると見る[28]。この場合に、基本的生活

活動を保障する福祉サービス・財貨（生活手段）の保有状況、またそれに対する具体的な権利（entitlement）が社会的に保障されているかどうかは、生活活動（機能）の基盤であるケイパビリティの実現（成就）にとって重要な条件となる[29]。このように考えれば、社会問題としての介護福祉問題とは、エンタイトルメントの剥奪による生活手段（実質所得など）の不足・欠如のみではなく、生活手段の不足・欠如から関係派生的に生成してきた生活活動（機能）の基盤である潜在能力の維持・再生産・発達・発揮の阻害（ケイパビリティの不足・欠如）の為に、基本的生活活動の阻害（機能の阻害）も意味する。自由及び人権（生存権など）に基づいた自己選択・自己決定としての多様な生活活動（機能）の基盤であるケイパビリティによる高齢者の不断の努力による基本的生活活動の組み合わせの拡大の幸福追求こそが、憲法第12条（この憲法が国民に保障する自由及び権利〔生存権—挿入、筆者〕は国民の不断の努力によってこれを保持しなければならない）・憲法第13条（すべて国民は、個人として尊重される。生命、自由及び幸福追求に対する国民の権利については最大の尊重を必要とする）の理念に適合したより良い福祉（well-being）を実現する土台（基礎）をつくる事にもなる。それは同時に、社会開発の中心である人間開発（潜在能力の維持・再生産・発達・発揮）の課題と考える新しい介護福祉学の到来を意味するものである。

　しかし、アマルティア・センの福祉体系と今日の人間開発（潜在能力の発達・発揮）論は、個人レベルのケイパビリティが課題である為、共同（共助）の生活活動（機能）の基盤であるケイパビリティについては考察されていない。共同（共助）の生活活動（機能）の基盤であるケイパビリティを地域福祉との関連で考えるならば、既存の地域福祉（既存の地域福祉は、地域住民の地域福祉活動〔機能〕が強調されている一方において、生活手段の不足・欠如〔例えば、所得の不足・欠如等〕が看過されているように思われる）の批判的検討も含めた地域住民の共同（共助）のケイパビリティによって地域福祉を発展させていく事は、地

域住民の共同（共助）の幸福追求と言う国民の不断の努力を実践する事にもなり、憲法第 12 条（この憲法が国民に保障する自由及び権利〔生存権―挿入、筆者〕は国民の不断の努力によってこれを保持しなければならない）・憲法第 13 条（すべて国民は、生命、自由及び幸福追求に対する国民の権利については最大の尊重を必要とする）の理念にも適合したより良い福祉（well-being）に合致する事にもなる。また、アマルティア・センは現代資本主義構造（土台＝生産関係と上部構造）との関連で、社会問題としての介護福祉問題（必需的な生活手段〔所得・介護福祉サービス等〕の不足・欠如と生活手段の不足・欠如から関係派生的に生成してきた介護福祉利用者の人間らしい健康で文化的な潜在能力〔抽象的人間生活力＝人間が生活する際に支出する脳髄・神経・筋肉等を意味する・抽象的人間労働力＝人間が労働する際に支出する脳髄・神経・筋肉等を意味する〕の維持・再生産・発達・発揮の阻害の生活問題）がどのようにして生成してくるかについても考察されていないが、この点を考察していく必要がある。何故ならば、この点の認識が欠けると、社会問題としての介護福祉問題を私的な個人の問題あるいは私的な家族の問題にしてしまいがちであり、介護福祉が生活問題に対する社会的人権（生存権など）保障策であると言う認識が欠けてしまう。つまり、社会的人権保障策やエンタイトルメントの発展の為には、社会問題としての介護福祉問題の認識は重要である。さらに、アマルティア・センは、福祉の使用価値（人間らしい健康で文化的な潜在能力〔抽象的人間生活力・抽象的人間労働力〕の維持・再生産・発達・発揮の実現〔成就〕）を高めていく生活活動（機能）の基盤であるケイパビリティに焦点をあてた事は重要であるが、価値・剰余価値の要因を看過している。この要因を看過すると、介護福祉に内在している発展の原動力である矛盾を認識する事ができない。

【注】
1) 横田洋三・その他監修『人間開発報告書2000―人権と人間開発―』（国際協力出版会、2000年）。
2) 森岡孝二「経済学の基礎概念と人間の発達」（基礎経済科学研究所編『人間発達の経済学』青木書店、1982年、28-30頁）。
3) 社会福祉辞典編集委員会編『社会福祉辞典』（大月書店、2002年、456頁）。
4) 機能は次のような意味である。人が生きている事を実感できるのは、日常の生活や社会活動を十分におこなっている時の方が多い。そうすると、福祉（well-being）を見るときには所得（生活手段）等のみを見るだけでなく、生活手段を活用して、人（人間）がなしえる事、あるいはなりうる事にも注目する必要がある。このように、人（人間）がなしえる事、あるいはなりうる事を機能と呼ぶ。そして、アマルティア・センの共同研究者であるマーサC. ヌスバウムは、機能と密接な関係があるケイパビリティ（潜在能力）を次のように指摘している。「①**生命**（正常な長さの人生を最後まで全うできること。人生が生きるに値しなくなる前に早死にしないこと）、②**身体的健康**（健康であること【リプロダクティブ・ヘルスを含む】。適切な栄養を摂取できていること。適切な住居にすめること）、③**身体的保全**（自由に移動できること。主権者として扱われる身体的境界を持つこと。つまり性的暴力、家庭内暴力を含む暴力の恐れがないこと。性的満足の機会および生殖に関する事項の選択の機会を持つこと）、④**感覚・想像力・思考**（これらの感覚を使えること。想像し、考え、そして判断が下せること。読み書きや基礎的な数学的訓練を含む【もちろん、これだけに限定されるわけではないが】適切な教育によって養われた〝真に人間的な〟方法でこれらのことができること。自己の選択や宗教・文学・音楽などの自己表現の作品や活動を行うに際して想像力と思考力を働かせること。政治や芸術の分野での表現の自由と信仰の自由の保障により護られた形で想像力を用いることができること。自分自身のやり方で人生の究極の意味を追求できること。楽しい経験をし、不必要な痛みを避けられること）、⑤**感情**（自分自身の周りの物や人に対して愛情を持てること。私たちを愛し世話してくれる人々を愛せること。そのような人がいなくなることを嘆くことができること。一般に、愛せること、嘆けること、切望や感謝や正当な怒りを経験できること。極度の恐怖や不安によって、あるいは虐待や無視がトラウマとなって人の感情的発達が妨げられることがないこと【このケイパビリティを擁護することは、その発達にとって決定的に重要である人と人との様々な交わりを擁護することを意味している】）、⑥**実践理性**（良き生活の構想を形作り、人生計画について批判的に熟考することができること【これは、良心の自由に対する擁護を伴う】）、⑦**連帯**（Ａ　他の人々と一緒に、そしてそれらの人々のために生きることができること。他の人々を受け入れ、関心を示すことができること。様々な形の社会的な交わりに参加できること。他の人の立場を想像でき、その立場に同情できること。正義と友情の双方に対す

るケイパビリティを持てること【このケイパビリティを擁護することは、様々な形の協力関係を形成し育てていく制度を擁護することであり、集会と政治的発言の自由を擁護することを意味する】　B　自尊心を持ち屈辱を受けることのない社会的基盤をもつこと。他の人々と等しい価値を持つ尊厳のある存在として扱われること。このことは、人種、性別、性的傾向、宗教、カースト、民族、あるいは出身国に基づく差別から護られることを最低限含意する。労働については、人間らしく働くことができること、実践理性を行使し、他の労働者と相互に認め合う意味のある関係を結ぶことができること）、⑧**自然との共生**（動物、植物、自然界に関心を持ち、それらと拘わって生きること）、⑨**遊び**（笑い、遊び、レクリエーション活動を楽しむこと）。⑩**環境のコントロール**（**A政治的**　自分の生活を左右する政治的選択に効果的に参加できること。政治的参加の権利を持つこと。言論と結社の自由が護られること。**B物質的**　形式的のみならず真の機会という意味でも、【土地と動産の双方の】資産を持つこと。他の人々と対等の財産権を持つこと。他者と同じ基礎に立って、雇用を求める権利を持つこと。不当な捜索や押収から自由であること）」（Martha C. Nussbaum（池本幸生・その他訳）『女性と人間開発—潜在能力アプローチ—』岩波書店、2005年、92-95頁）。
5）ここでは、援助と支援の意味の違いを考慮して、支援の言葉を使用する。つまり、福祉利用者を物事の中心に据えたとき、「援助」という概念には、援助者側からの一方的で上から福祉利用者を見下す上下関係としての（たすけ「援け、助け」）の構造がある。一方、「支援」という概念には、福祉利用者の意志を尊重し支え、その上で協力を行うという、福祉利用者主体の考え方が内在している。Bill, worrel（河東田博・その他訳）『ピープル・ファースト：支援者のための手引き』（現代書館、1996年、92頁）。
6）アマルティア・セン（鈴村興太郎訳）『福祉の経済学』（岩波書店、1988年、41-42頁）。
7）セン、前掲書、21-22頁。
8）セン、前掲書、22頁。
9）横田、前掲書。西川潤著『人間のための経済学』（岩波書店、2000年、288-309頁）。
10）横田、前掲書、23頁。
11）横田、前掲書、24頁。
12）横田、前掲書、99頁。
13）西川、前掲書、291頁。横田洋三・その他監修『人間開発報告書1990—人間開発の概念と測定—』（国際協力出版会、1990年、8頁）。
14）西川、前掲書、291頁）。
15）セン（池本幸生・その他訳）『不平等の再検討』（岩波書店、1999年、210頁）。
16）西川、前掲書、292頁。
17）西川、前掲書、292頁。
18）人間開発指標については、西川の説明に依拠している（西川、前掲書、293-296頁）。
19）セン、前掲書。

20）セン（池本幸生・その他訳）、前掲書、117-133頁。川本隆史著『ロールズ』（講談社、2005年、128-129頁）。
21）西川、前掲書、302頁。セン（池本・その他訳）、前掲書、117-133頁。
22）西川、前掲書、302頁。セン（池本・その他訳）、前掲書、17-46頁。
23）西川、前掲書、303頁。
24）西川、前掲書、303頁。
25）西川、前掲書、303頁
26）西川、前掲書、307頁。
27）西川、前掲書、307頁。
28）西川、前掲書、308頁。
29）西川、前掲書、308頁。

3. 介護福祉利用の高齢者の生活水準

はじめに

　介護福祉支援[1]を介護福祉実践（介護福祉労働）していく場合、多様な社会問題としての介護福祉利用の高齢者の介護福祉問題（必需的な生活手段〔所得・生涯教育等〕の不足・欠如と生活手段の不足・欠如から関係派生的に生成してきた高齢者が生きている限り続けなければならない介護福祉利用の高齢者の人間らしい健康で文化的な生活活動【機能】の基盤である潜在能力＝ケイパビリティ〔抽象的人間生活力＝人間が生活の際に支出する脳髄・神経・筋肉等を意味する・抽象的人間労働力＝人間が労働の際に支出する脳髄・神経・筋肉等を意味する〕の維持・再生産・発達・発揮の阻害〔福祉利用者の潜在能力の不足・欠如〕の介護福祉問題）を担った介護福祉利用の高齢者の生活水準をどのように評価していくかが重要である。しかし、現実に展開されている介護福祉実践論及び介護福祉労働論においては、根本的なレベルにおいて突っ込んだ議論が不足しているように思われる。介護福祉支援と称される一連の行為（介護福祉実践・介護福祉労働）が、支援をする側の独善的なものになり、或いは寧ろ害（例えば、本人の為という理由で、認知高齢者を寝台に縛り付ける虐待を行う等）になる可能性を常に秘めている事を考えれば、介護福祉利用の高齢者の多様な状況（状態）に応じた介護福祉の手段と介護福祉の目的に関する基礎的な評価作業を怠ってはいけないと考える。

　ここで考察していきたい事は、生活手段の保障と介護福祉利用の高齢者の人間らしい健康で文化的な生活活動（機能）の基盤である潜在能力

（抽象的人間生活力・抽象的人間労働力）の維持・再生産・発達・発揮を巡ってしばしば用いられる生活水準と言う概念である。取り分け、それぞれの市町村で生活している介護福祉利用の高齢者の人間らしい健康で文化的な生活活動（機能）の基盤である潜在能力（抽象的人間生活力・抽象的人間労働力）の維持・再生産・発達・発揮は実に多様であり、地域・文化の異なる生活条件の優劣を一つの指標（所得等の生活手段）で評価するのには疑問を持っている。しかし、現実の介護福祉の対象を確定する際に、優先順位を正当化する何らかの比較可能な指標を必要とする。地域・文化の相対性を重んじるあまり、特定の価値に基づく共通概念の適用、あるいはその数量化や指標化を一方的に拒否するのは現実的ではない。寧ろ自らの価値評価を自覚した上で多様な生活（介護福祉利用の高齢者の人間らしい健康で文化的な生活活動〔機能〕の基盤である潜在能力〔抽象的人間生活力・抽象的人間労働力〕の維持・再生産・発達・発揮）のあり方を包摂しうるような概念の構築と、その操作化に努めるのが望ましく、また現実的な姿勢であると思われる。

　筆者がこのような問題意識を持つようになったのは、筆者の故郷である離島（奄美徳之島）において、次のような疑問に突き当たったからである。つまりそれは、都会と比較すると所得（生活手段）が低い離島で一見、不自由のない暮らし、しかも疾病率も低く長生きしている人々を単に所得が低い事を根拠に「貧しい」と定義する事への疑問である。そして、それぞれの市町村における暮らしぶりの異なる高齢者の生活を、あるいは同じ市町村の中で多様な生活様式を営んでいる高齢者の生活の質を比較する基準は有るのだろうかと言う疑問である。

　ここでは、効用・基本財の保有・ケイパビリティ・アプローチを手掛かりとして、介護福祉支援（介護福祉実践・介護福祉労働）における生活水準の評価の在り方を根源的に考察していきたい。何故ならば、介護福祉等の生活手段を介護福祉（生活目的）に転換していく場合、介護福祉利用の高齢者の享受ケイパビリティ等が人間らしい健康で文化的な生

活活動（機能）の基盤である潜在能力（抽象的人間生活力・抽象的人間労働力）の維持・再生産・発達・発揮にとって迚も重要になるからである。

（1）効用・基本財・ケイパビリティ・アプローチの特徴と問題点

　これまでの生活水準の評価においては、効用・基本財の保有・ケイパビリティ・アプローチ等があった。以下では、これらのアプローチの特徴と問題点を考察していく。

①効用アプローチ
　効用に重点を置いた評価の例としてベンサムに端を発する功利主義が挙げられる[2]。この立場は、評価の手続きとしては生活事態の善し悪しを具体的な結果から判断し、評価の単位は効用のみとし、評価の方法は各人の効用を足し合わせると言うものである。所謂ベンサムの「最大多数の最大幸福」の格言に示されているように、人々の幸福や満足と言った主観的な効用を基に、快楽や苦痛を計測し、快楽をより多く、苦痛をより少なく行動する個人の状態を事実として認める事である。さらに効用の特徴を述べると、効用について経済学者の間で次のような合意が得られている。効用とはその人の選好（欲求）を充足する単位であり、効用の個人間比較は基本的に不可能で、効用の増減は序数的にのみ評価できると言うものである。そして、効用による評価方法上の特徴は、効用を重視する為に被評価者の主観的な判断で生活事態の望ましさが決定される事である。つまり、本人の生活状態（効用レベル）は本人にしか分からないし、本人が判断するのが最も望ましいと言う立場である。

　そして、この立場からすれば、人々が快楽を最大化し、苦痛を最小化するように行動し、結果としての効用が量的に計測可能であれば、社会的な福祉は、人々の若干の差異はあっても、全体の福祉を最大化する事こそが功利主義の原理に合うものであり、またそれは、市場のみならず

社会全体においても正義に叶う倫理的規範であり、福祉条件であった[3]。確かにこの功利主義は、分配における不平等よりも総和を最大にする事に関心を集中し（総和主義）、権利、自由、その他の非功利的な関心事よりも快楽や幸福等の精神的特性に関心を寄せる主観主義に依存し（効用主義）、そして、結果以外にも重大なものがありうると言う規範的理論の傾向を否定して、選択（行動、ルール、制度など）はその結果によって判断される（帰結主義）と言う特徴を持っていた[4]。

しかし、アマルティア・センは、こうした偏執した考え方に対して、次のように批判した。「合理的行動に関する効用の経済理論は、ときとして過大の構造をもつかどうかで批判される。人間は現実にはもっと『単純』なのだというわけである。しかし、これまでのわれわれの議論が正しいとすれば、実際はその反対である。伝統的な理論はあまりにも僅かな構造しかもっていないのである。そこでは人間は単一の選好順序をもつと想定され、必要が生じたときにはその選好順序が、彼の利害関心を反映し、彼の厚生を表し、何をなすべきかについての彼の考えを要約的に示し、そして彼の実際の選択と行動を描写するものだと考えられている。たった一つの選好順序だけをもって果たしてこれだけの事ができるだろうか。確かに、そのようにして人間は、その選択行動において矛盾を顕示しないという限定された意味で『合理的』と呼ばれるかもしれない。しかしもしその人が〔選好、選択、利益、厚生といった〕まったく異なった諸概念の区別を問題にしないのであれば、その人はいささか愚かであるに違いない。純粋な経済人は、事実、社会的には愚者に近い。しかしこれまでの経済理論は、そのような単一の万能の選好順序後光を背負った合理的な愚か者（rational fool）に占領され続けてきたのである。人間の行動に関係する〔共感やコミットメントのような〕他の異なった諸概念が働く余地を創り出すためには、われわれはもっと調琢された構造を必要とする[5]。」つまり、人間は単一の効用のみで行動するのではなく、共感（共感とは、他人が虐待を受けている事実を知って、心を痛

める事）やコミットメント（コミットメント〔commitment〕とは、自分の福祉が下がることを知った上で、敢えて自分が価値を認める行動を選択する事）でもって行動する事を看過している事である。

②基本財の保有アプローチ

　基本財の保有アプローチの例は、ロールズの「公正としての正義」論が挙げられる[6]。ロールズは次のように述べる。分配における格差が正義に叶っているのは、「より幸運な人々の利益が最も不運な人々の福利を促進する場合、幸運な人々の利益の減少が最も不運な人々の生活状態を現在よりも一層悪化させる場合、したがって、最も不運な人々の人生の見通しが可能なかぎり大きなものである場合に、……完全に正義にかなっている[7]」と述べる。それは、効率性の原理をも考慮した上で、平等な分配の原理と調和させるような、不利益な人々へのマキシミン原理の可能な限りの引き上げを旨とする提案でもあった。その際、人々の利益は、人々が保有する事に意義を認めている基本財で判断され、そして、その基本財には、自由や機会、所得や富、健康や知的教養、自尊心を含んでいる点で特徴的であった[8]。

　そして、ロールズは、効用の最大化がそもそも社会の目標として、相応しいかどうかについて、次のような否定的な考え方を示す[9]。つまり、社会的に望ましくない効用の例として、二つ挙げている。一つは攻撃的嗜好であり、もう一つは贅沢嗜好である。前者は、他人の自由を著しく制約するような行動を喜びとする事である。例えば、自分が住んでいる地域に、自閉症施設の建設を反対する一方において、所有地の自己資産価値の値上がりを喜びとする事である[10]。後者は、贅沢な嗜好が満たされないと効用が著しく低下する人物に資源を余分に分配する事も正義に反する事である。例えば、生活保護の受給家庭で、贅沢な嗜好が満たされないと効用が低下する夫が他の家族員よりも生活保護費を多く使う場合である。

こうしたロールズの生活水準の評価は、功利主義の持っていた効用主義の主観主義から、人々の権利、自由と機会、所得と富、自尊心等の客観主義的なものに考え方を転換させ、結果や成果における不平等から、機会や自由における不平等へと関心を向けさせる事になった点において評価できるが、全く問題がない訳ではない。つまり、アマルティア・センが指摘されているように、基本財の保有は、福祉と自由に重要な関係を持っている事は確かだとしても、それらを直ちに福祉的自由と同一視する事は基本的な問題点が内在していると言える。と言うのは、人間の持つ多様性や、両者を結びつける多元的な媒介条件を考慮しない点で重大な問題点が存在している。福祉と自由は、これらの媒介条件に含まれる様々な条件、例えば、個人間の異質性、環境の多様性、社会環境の変化、関係についての考え方や家庭内の分配の相違等、個人責任に帰す事が出来ない事柄や不確実な予期できない変化等、広範な変化の影響を受けるのであり、譬えそれら基本財ないし機会が与えられたとしても、人の機能（機能とは、人々がすでに達成している状態の有り様を機能と呼ぶ）に変換でき、選択する自由に結びつける事ができるかどうかは十分な考慮が必要なのである[11]。

③ケイパビリティ・アプローチ

　アマルティア・センは、生活水準（福祉水準）をロールズのように基本財の保有状態だけで評価するのは妥当でないとし、基本財の量の過不足だけでなく、それらの基本財の特性（固有価値）を機能に転換させる能力も合わせて評価されるべきだと強調した。こうした視点によって、現在の「福祉政策を考える場合、最も重要な理念として、平等を挙げる事ができるが、それは、社会的資源の分配、その利益配分に関するもので、資源と機会をいかに平等化するかという事を意味する[12]」と言う指摘の基本財の側面のみの生活水準の評価に疑問を持つ事ができる。

　つまり、アマルティア・センのケイパビリティ・アプローチは、基本

財そのものでも、その結果生じる効用でもなく、人間の機能、その在り方及び生き方に重点を置いているのである。そして、潜在的に達成可能な種々の機能の広がりをケイパビリティと呼んだ。アマルティア・センによれば、このケイパビリティこそ、生活水準を最も反映した評価の次元であり、その拡大こそ福祉の目的とした。そして、財（手段）の特性（固有価値）を機能の実現（成就）へと移す変換の時には、多様な個人的及び社会的な要因に注目すべきだとした。例えば、「栄養摂取の達成という場合には、この変換は、①代謝率、②体のサイズ、③年齢、④性（女性の場合には、妊娠しているか否か）、⑤活動水準、⑥（寄生虫の存在・非存在を含む）医学的諸条件、⑦医療サービスのアクセスとそれを利用する能力、⑧栄養学的な知識と教育、⑨気候上の諸条件、などの諸要因に依存する。社会的な行動を含む機能の実現や、友人や親戚をもてなすという機能の実現の場合には、この変換は、①ひとが生活する社会で開かれる社交的会合の性格、②家族や社会におけるひとの立場、③結婚、季節的祝宴などの祝宴や葬式などその他の行事の存在・非存在、④友人や親戚の家庭からの物理的距離などの要因に依存する……[13]」等である。それ故、人は同じレベルの基本財（手段）を保有していても、同じ機能の達成は保証されない。つまり、基本財（手段）の特性（固有価値）を機能へと実現（成就）させるケイパビリティが人によって、あるいはその人の置かれている地域環境・社会環境によって異なるからである。同じ所得であっても、その人が基礎的な福祉・教育・医療等にアクセスを持っているかどうかに依存するし、同じカロリーを摂取していても、その人の労働量、体の大きさ、性別、年齢、健康状態等によって「栄養を満たす」と言う機能が達成されているかどうかはわからない。つまり、財（手段）の特性（固有価値）を望ましい価値に変換するケイパビリティが多様な個人的・地域的・社会的条件に制約されているのである。

　そして、社会福祉の領域において使用されている福祉ニーズに対する批判も、財（手段）の特性（固有価値）を「変換する能力」との関連で

次のように行っている。アマルティア・センは、所得（手段）の枠組みを超えて人間の基本的な生存能力に焦点を当てる点において、福祉ニーズは一見、ケイパビリティ・アプローチと類似しているものの、次のような相違点があると指摘する[14]。第一に、福祉ニーズは、あくまでも財によって定義されるが、ケイパビリティはその財の利用能力も含めて定義される事。第二に、ある福祉ニーズが基本的なものかどうかは地域によって相対的なものであるので、財（手段）の基本性は定義しにくくなる。例えば、嫁が介護するのは当然だと言う意識の高い人々が多い市町村では、介護保険による介護ニーズが基本的であるかどうかは相対的なものである為、財の基本性は定義しにくくなる。第三に、福祉ニーズと言う言葉は受動的であって、その人に何がしてあげられるかと言う点が注目されるのに対して、ケイパビリティ・アプローチは、その人に何ができて、何ができないか、と言う自由で能動的な人の位置づけが可能になる事。第四に、武川正吾氏が指摘されているように、「ニードという言葉を用いると、社会福祉や社会政策に関する議論を私たちの日常生活から切り離してしまうことになりかねない。というのは、ニードという言葉は必要と違って、私たちが日常生活のなかでは用いない言葉であるからだ。私たちは『休息が必要だ』という言い方はするが、『休息に対するニードがある』という言い方はしない[15]。」

ところで、アマルティア・センはこのケイパビリティをいかなる方法で評価しようとしているのであろうか。人間のケイパビリティを直接評価できないとアマルティア・センは言う。しかし、達成された機能の方はその評価が一部可能であり、しばしば所得（手段）を測定するよりも容易、かつ妥当な指標である事を指摘している。例えば、平均余命を用いる事を指摘している。平均余命は、確かに生活の質のごく一部を反映した断片的な指標でしかないが、その算出には死亡率、病気率、飢餓率等の福祉に関わる重要な要素が含まれる事から、あくまでも媒介手段である所得より直接的な生活水準の指標であると考えられる。そして、そ

の例として、センはニューヨークのハーレムに住む黒人がバングラデッシュの農民よりも実質的に高い平均所得（手段）を得ているにもかかわらず、65歳まで生存する可能性を比較した場合にバングラデッシュの農民の方が長生きしている事実を示し、人間のケイパビリティに注目する必要性を強調している。また、この人間のケイパビリティに注目した「人間開発」の概念の発展・普及に強く影響し、前述したように1990年に国連開発計画が作成した「人間開発指標」の概念的基礎を提供する事になった[16]。

　アマルティア・センの議論を介護福祉と関連して要約すると、アマルティア・センによれば介護福祉とは即ち、介護福祉利用の高齢者のケイパビリティを拡大する事である。つまり例えば、老人福祉法や介護保険制度等の存在そのものは生活手段にすぎず、福祉（well-being）が図られているかどうかは、老人福祉法や介護保険制度等の特性（使用価値）を活かして、介護福祉利用の高齢者が実際に成就するもの——彼／彼女（介護福祉利用の高齢者）の「状態」（being）はいかに「よい」（well）ものであるか——に関わっている[17]ので、また介護福祉利用の高齢者が置かれている個人的・地域的・社会的条件は多様であるから、老人福祉法や介護保険制度等のみの評価に固執すると、生活手段を福祉（well-being）の生活目的に変換する生活手段の不足・欠如から関係派生的に生成してきた生活活動（機能）の基盤である潜在能力（人間らしい健康で文化的な抽象的人間生活力・抽象的人間労働力）の維持・再生産・発達・発揮の阻害（介護福祉利用の高齢者不足・欠如）を見過ごしてしまう。それゆえ生活水準の評価は人間らしい健康で文化的な老人福祉や介護保険サービスの生活手段の量的及び質的保障の側面と、生活手段の特性（使用価値）を活かして、介護福祉利用の高齢者が人間らしい生活が可能になるような生活活動（機能）の支援（労働）の側面の統一的視点を基礎に行わなければならないと言える。

　しかし、アマルティア・センのケイパビリティ・アプローチには全く

問題点がないと言う訳ではない。問題点は少なくとも二つある。一つは、ケイパビリティの集計を巡る問題である。もう一つは、評価の主体を巡る問題である。

　前者においては、個人レベルと共同体レベルが考えられるが、アマルティア・センが想定しているレベルは殆ど個人レベルであり、しかも個人のある一つの能力が説明の対象になっている。しかし、個人は通常、複数の種類のケイパビリティを持ち、その中から選択して機能を実現する。したがって、諸能力間の相互関係が明らかにされないと、総合的に見てその個人のケイパビリティが拡大しているのか、そうでないのかの評価が難しくなる。次に共同体レベルのケイパビリティの集計を考えてみよう。共同体レベルから潜在能力を考える場合、単に個人の集計に限定されるのではなく、集団としての共同体に固有の機能・能力も視野に入れる必要がある。つまり、個人の能力もさる事ながら、その人が生活している共同体の纏まりや力及び集団での相互作用が個々の人の生活の質に深く関係してくる。そして、特定のケイパビリティ（地域福祉活動への参加能力等）を福祉教育によって拡大しようとする場合、集合的な能力と個人の能力のどちらにウエイトをおいてどのように働きかけるかと言った対象単位の考慮は重要であるし、特別養護老人ホームが建設される事により葬儀社の車が往来する事によって、所有地の資産価値の低下を心配している一部の個人の利益と共同体の利益に対立が生じた場合、どちらを優先するかと言う問題もある。しかし、残念ながらアマルティア・センはこの点に触れていない。

　後者においては、生活水準の基礎となる評価の担い手が多くの場合、例えば、介護福祉利用の高齢者自身ではなく介護福祉労働者や介護福祉支援者であるからである。そして、この場合に問題になるのは、介護福祉支援者・介護福祉労働者と介護福祉利用の高齢者との間に、生活水準の現状評価、そしてそれに基づく介護福祉支援（介護福祉労働）計画に認識のズレが生じた時である。ここでは、議論の出発点として、まず介

護福祉支援（介護福祉労働）の方向を巡る生活水準の評価に携わるのは介護福祉支援者・介護福祉労働者に限られるべきなのか、それとも介護福祉支援（介護福祉労働）の対象である介護福祉利用の高齢者も担うべき一定の役割を持っているのか、と言う問題を考察しておこう。この問題が重要なのは、最近、介護福祉利用の高齢者の参加や自己選択・自己決定が強調されている風潮の中で（介護福祉利用の高齢者の自己選択・自己決定は重要であるが）、介護福祉支援者・介護福祉労働者の役割が曖昧になってきていると思われるからである。ここで敢えて単純に、評価者を当事者と当事者外に分類して、それぞれの利点と問題点を整理してみる。まず当事者が評価を行う利点は、介護福祉支援（介護福祉労働）を享受する側の立場から、介護福祉支援（介護福祉労働）の実施がもたらす生活水準での変化の意味について最も敏感で、より享受しやすい変化について現実的な提言を行いうる立場にある事、また、自らの生活水準の方向性について自己選択・自己決定を行う権利を有している事である。一方、問題点とは、当事者が必ずしも自らの生活水準を客観的に評価するのに相応しくない事がある事等である（この意味では、当事者外も積極的な役割を果たす余地があると言える。しかし、当事者外が生活水準を客観的に評価する事に優れている場合であっても、そのような営みの実質的な意味付けはあくまでも当事者自身が行うものであり、当事者自らの目で見た生活水準の発展と意義を認識する必要がある）。ケイパビリティ・アプローチを生活水準に適用するには、当事者が中心とならなければならないが、しかし、当事者外の役割を完全に否定するものではない。そして、当事者外の側は、常に当事者の側との合意の範囲において、その時々の生活水準の目標を追求すべきである。

(2) ケイパビリティ・アプローチに基づく介護福祉の課題

　ケイパビリティ・アプローチに基づく介護福祉の課題は、どのような

事が考えられだろうか。次のような介護福祉の課題が考えられる。

　アマルティア・センのケイパビリティ・アプローチは、多様性を持った介護福祉利用の高齢者の生活水準の評価において、そのような多様性及び異質性を十分考慮に入れる事であって、一つの同質的な測定基準としての生活手段（例えば、所得等）のみに焦点を当てたり、ましてや効用や基本財の保有のみの評価を批判的に克服する事であった。また、多元的なケイパビリティに関係する生活手段の補完的情報を活用する事である。それらには、人の生死に関係する決定的なものもあれば、効用や基本財の保有等では捉えられない疾病率、識字率、所得（年金等）の水準、失業の有無、良質な住宅、綺麗な水など介護福祉利用者の生活の質に関係する様々なものが含まれる。そしてそれらは、市場によって提供されるものもあれば、公共財、家族内や地域の共同体的な慣行、さらにボランティア活動や非営利活動等によって提供されるものもある。その際、ケイパビリティ・アプローチによって生活手段の情報基礎を拡大し、理性的存在としての介護福祉利用の高齢者の判断に基づくならば、様々に異なる情報源を、個々別々にあるいは統合して用いる事によって生活水準が高まっていくのである。

　しかも重要な事は、介護福祉利用の高齢者は介護福祉支援（介護福祉労働）においては客体であるばかりでなくその主体でもある事である。つまり、介護福祉支援者・介護福祉労働者にとって介護福祉利用の高齢者は客体であるが、介護福祉利用の高齢者にとって生活手段や介護福祉支援者・介護福祉労働者は客体である。と言うのは、介護福祉利用の高齢者にとって、生活手段や介護福祉支援者・介護福祉労働者との関係において、主体者として主体的にそれらの使用価値を活用して、人間らしい健康で文化的な生活活動（機能）の基盤である潜在能力（抽象的人間生活力・抽象的人間労働力）の維持・再生産・発達・発揮を成就しうるには、介護福祉利用の高齢者の側に生活手段や介護福祉支援者・介護福祉労働者等についての受動的・享受能力（ケイパビリティ）と能動的・

評価能力（ケイパビリティ）が形成され（アマルティア・センの共同研究者であるマーサC. ヌスバウム氏は、機能と密接な関係があるケイパビリティを次のように指摘している。「①**生命**（正常な長さの人生を最後まで全うできること。人生が生きるに値しなくなる前に早死にしないこと）、②**身体的健康**（健康であること、そしてリプロダクティブ・ヘルスを含む。適切な栄養を摂取できていること。適切な住居にすめること）、③**身体的保全**（自由に移動できること。主権者として扱われる身体的境界を持つこと。つまり性的暴力、家庭内暴力を含む暴力の恐れがないこと。性的満足の機会および生殖に関する事項の選択の機会を持つこと）、④**感覚・想像力・思考**（これらの感覚を使えること。想像し、考え、そして判断が下せること。読み書きや基礎的な数学的訓練を含む。もちろん、これだけに限定されるわけではないが、適切な教育によって養われた〝真に人間的な〟方法でこれらのことができること。自己の選択や宗教・文学・音楽などの自己表現の作品や活動を行うに際して想像力と思考力を働かせること。政治や芸術の分野での表現の自由と信仰の自由の保障により護られた形で想像力を用いることができること。自分自身のやり方で人生の究極の意味を追求できること。楽しい経験をし、不必要な痛みを避けられること）、⑤**感情**（自分自身の周りの物や人に対して愛情を持てること。私たちを愛し世話してくれる人々を愛せること。そのような人がいなくなることを嘆くことができること。一般に、愛せること、嘆けること、切望や感謝や正当な怒りを経験できること。極度の恐怖や不安によって、あるいは虐待や無視がトラウマとなって人の感情的発達が妨げられることがないこと、このケイパビリティを擁護することは、その発達にとって決定的に重要である人と人との様々な交わりを擁護することを意味している）、⑥**実践理性**（良き生活の構想を形作り、人生計画について批判的に熟考することができること【これは、良心の自由に対する擁護を伴う）、⑦**連帯**（**A** 他の人々と一緒に、そしてそれらの人々のために生きることができること。他の人々を受け

入れ、関心を示すことができること。様々な形の社会的な交わりに参加できること。他の人の立場を想像でき、その立場に同情できること。正義と友情の双方に対するケイパビリティを持てること、このケイパビリティを擁護することは、様々な形の協力関係を形成し育てていく制度を擁護することであり、集会と政治的発言の自由を擁護することを意味する）　B　自尊心を持ち屈辱を受けることのない社会的基盤をもつこと。他の人々と等しい価値を持つ尊厳のある存在として扱われること。このことは、人種、性別、性的傾向、宗教、カースト、民族、あるいは出身国に基づく差別から護られることを最低限含意する。労働については、人間らしく働くことができること、実践理性を行使し、他の労働者と相互に認め合う意味のある関係を結ぶことができること）、⑧**自然との共生**（動物、植物、自然界に関心を持ち、それらと拘わって生きること）、⑨**遊び**（笑い、遊び、レクリエーション活動を楽しむこと）。⑩**環境のコントロール**【**A政治的**　自分の生活を左右する政治的選択に効果的に参加できること。政治的参加の権利を持つこと。言論と結社の自由が護られること。**B物質的**　形式的のみならず真の機会という意味でも、土地と動産の双方の資産を持つこと。他の人々と対等の財産権を持つこと。他者と同じ基礎に立って、雇用を求める権利を持つこと。不当な捜索や押収から自由であること」Martha C. Nussbaum【池本幸生・その他訳】『女性と人間開発―潜在能力アプローチ―』岩波書店、2005年、92‐95頁）、それが引き出されなければならない事を示唆しているし、その事が課題でもある。

　以上、アマルティア・センのケイパビリティ・アプローチを踏まえて介護福祉支援・福祉介護労働における介護福祉利用の高齢者の生活水準の問題を考える場合、次のように考えるのが妥当だろう。つまり、介護福祉支援・介護福祉労働における介護福祉利用の高齢者の生活水準の問題を考える場合、所得も含めた生活手段の不足・欠如の生活水準の問題の側面と生活手段の不足・欠如から関係派生的に生成してきた介護福祉

利用の高齢者の生活活動（機能）の基盤であるケイパビリティの不足・欠如の生活水準の問題の側面の統一的視点が重要であり、しかも両者の関係（機能）にも注目していく必要があると言える。前者の問題は、例えば停年をした高齢者（労働者）を例として考えると、彼／彼女らは年金等によって得た所得によって、介護福祉労働者が提供する介護福祉サービス（商品）を購入しないと生きていけないところに生活水準の問題の基本的要因が内在していると言える。後者は前者から関係派生的に生成してきた生活水準の問題と言える。つまり、貧困者や低所得者が所得（生活手段）等の不足・欠如の為に人間らしい健康で文化的な生活を営んでいく介護福祉サービスを購入できないため虚弱な身体・身体障害や内臓疾患等の生活活動（機能）の基盤であるケイパビリティの不足・欠如になり、食物の特性（固有価値）を活かして栄養バランスのある食物摂取を行う言う行為ができないと言う事である（介護福祉利用の高齢者が栄養の適正な摂取を困難にするような内臓疾患を持っていれば、人間らしい健康で文化的な生活活動〔機能〕の基盤である潜在能力〔抽象的人間生活力・抽象的人間労働力〕の維持・再生産・発達・発揮が可能な量の食物〔生活手段〕を消費しえたとしても、栄養不良に苦しみ、不健康な生活をよぎなくされるかもしれない）。

　それ故、介護福祉を例にして考えれば、多様な介護福祉の利用者の生活水準の問題に注目し（ここに介護福祉の専門性が必要とされる）、しかも生存権的平等保障を根拠[18]として、健康で文化的な生活が可能な所得も含めた生活手段・生活サービスの保障だけでなく、所得も含めた生活手段・生活サービスを介護福祉の利用者が健康で化的な生活（ケイパビリティ＝潜在能力【抽象的人間生活力・抽象的人間労働力】の維持・再生産・発達・発揮の成就）に変換させる生活活動（機能）の基盤であるケイパビリティも合わせて支援していく事が重要であると言える。もし仮に介護福祉利用の高齢者の生活活動の基盤であるケイパビリティが不足・欠如しているのであれば、介護福祉利用の高齢者の前述した生活

活動(機能)の基盤であるケイパビリティの補填や向上(発達)が課題となる。

そして、福祉教育が「日常的な生活課題や福祉課題などについて、個人レベル、家族レベル、地域レベルでの生活・福祉課題の解決力を醸成していくための主体的な学習活動である。また、共生の思想と社会的に疎外される事が多い社会福祉問題との連携から、地域問題、家庭問題などの解決を個人の自助から社会的、意図的な対応・活動として捉え、参加と協働を促す過程である[19]」とするならば、福祉教育は介護福祉利用の高齢者の生活活動(機能)の基盤であるケイパビリティの養成と向上の実践(介護福祉労働)として重要な介護福祉臨床的実践(介護福祉労働)になりうる。

【注】

1) 本章では、援助と支援の意味の違いを考慮して、支援の言葉を使用する。つまり、福祉利用者を物事の中心に据えたとき、援助と言う概念には、援助者側からの一方的で上から福祉利用者を見下す上下関係としての「たすけ(援け、助け)」の構造がある。一方、「支援」と言う概念には、福祉利用者の意思を尊重し支え、その上で協力を行うと言う、福祉利用者主体の考え方が内在している。Bill ,Worrell., 河東田博・その他訳『ピープル・ファースト:支援者のための手引き』(現代書館、1996年、92頁)。
2) 関嘉彦編『ベンサム J.S.ミル』(世界の名著49、中央口論社、1976年、81頁)。
3) 小野秀生著『現代福祉と公共政策』(文理閣、2002年、68頁)。
4) 小野、前掲書、69頁。
5) アマルティア・センは、1998年にノーベル経済学賞を受賞した。現在はハーバード大学に勤務している。
6) Sen,Amartya., 大庭健・その他訳『合理的な愚か者』(勁草書房、1989年、145-148頁)。
7) Rawls,J., 矢島鈞次訳『正議論』(紀伊国屋書店、1979年)。
8) Rawls,J., 田中成明訳『公正としての正義』(木鐸社、1979年、133頁)。
9) Rawls、前掲書、166-167頁。
10) 忍博次著『自立・人間復権の福祉を求めて』(筒井書房、1999年、52頁)。
11) Sen,Amartya., 石塚雅彦『自由と経済開発』(日本経済新聞社、2000年、81頁)。
12) 三重野卓「福祉政策の公平・効率性と社会計画」(三重野卓・その他編『福祉政策の理論と実際』東信堂、2000年、17-18頁)。

13) Sen,Amartya.,前掲書、41-42頁。
14) Sen,Amartya., 鈴木興太郎訳『福祉の経済学』（岩波書店、1988年）。
15) 武川正吾著『福祉社会』（有斐閣、2001年、33頁）。
16) 西川潤著『人間のための経済学』（岩波書店、2000年、288-309頁）。
17) Sen,Amartya., 鈴木興太郎訳、前掲書、41-42頁。
18) 真田是「社会福祉の対象」（一番ケ瀬康子・その他編『社会福祉論』有斐閣、1968年、45頁）。
19) 生存権的平等は、「一般国民が、……老齢の原因によって、一時的にせよ、また永久的にせよ、生活が脅かされたときに、労働者や一般国民の基本的な社会的権利として、正常な生活を営めるように、所得の保障あるいは現物のサービスという手段で、国家が措置」（吉田秀夫著『社会保障入門』労働旬報社、1967年、39頁）しなければならない事を意味する。そして、福祉水準の具体的内容は、「決して固定的なものではなく、通常は絶えず進展向上しつつあるものと考えられるが、それが人間としての生活の最低限度という一線を有する以上、理論的には特定の国における特定の時点において、一応、客観的に決定すべきであり、またしうるものであるということができよう。—中略—その2は、その時々の国の予算の配分によって左右されるべきものではないということである。予算を潤沢にすることによって、最低限度以上の水準を保障することは立法政策としては自由であるが、最低限度の水準は決して予算の有無によって決定されるものではなく、むしろこれを指導支配すべきものである（高野範城著『社会福祉と人権』創風社、2001年、50-53頁）。

4. 介護福祉の基本問題（矛盾）と課題

はじめに

　社会福祉基礎構造改革の主要な理由は、高齢社会の危機論である。つまり、この高齢社会の危機論は、意図的に歪曲された危機論、いわゆる高齢社会が到来すると、国民所得に占める社会保障給付費の割合が著しく増加し、生産年齢人口の負担が重くなるので、いまからそれに備えて、社会保障の見直しをしなければならないと言うものである。中山徹氏が指摘されているように、「確かに高齢化が急速に進み、2005年には19.6％の高齢化率が予測されているが、従来の産業基盤整備や空港・港湾整備等の土建型公共事業を28兆円に抑え、それによって捻出された一般財源を社会保障給付費の増額に充当すれば、社会保障給付費の水準を2割引き上げる事が可能であり、生産年齢人口の負担は重くならないのである。」（中山徹箸『地域経済は再生できるか－自治体のあり方を考える』新日本出版、1999年、6頁）
　そしてさらに、社会福祉基礎構造改革の合理性を強調する理由は、従来の低所得者等を対象にした行政処分による一律のサービス提供が福祉需要の変化に十分に対応できず、時代の要請にそぐわない部分がでてきていると言うものである。したがって、福祉需要に的確に対応し質の高い福祉サービスを効率的に確保していく為には、具体的なサービスの提供に当たって、福祉利用者の選択を尊重し、その要望とサービス提供者の都合とを調整する手段として、市場原理を幅広く活用する、と言うものである。
　こうした美辞麗句の言葉の表現は、今、推進されている介護福祉の本

質の究明に妨害になりがちである（現に、介護福祉の現場の多くの職員や多くの研究者が、現在の介護保険制度を肯定している実態を見ても理解できる）。しかし、現状の介護福祉のままでは、生存権的平等としての介護福祉を保障していく事ができないのは明らかな事である。

　ここでは、介護保険制度を例として、介護保険制度がむしろ介護福祉利用の高齢者の多様な潜在能力を踏まえて介護福祉必要充足に的確に対応しておらず、しかも質の高い生存権的平等の介護福祉サービスを保障していない点に注目し、望ましい介護福祉制度を考察していくものである。考察の手順としては、まず介護福祉とは何か、現実の介護福祉労働等を分析し、一定の定義を試みる（概念の剔出）。次に、剔出された概念を念頭において、現在の介護福祉の基本問題（矛盾）を明らかにしていく。そして最後に、真に介護福祉利用の高齢者の介護福祉の必要性に的確に対応し、質の高い生存権的平等の介護福祉サービスを保障していく為の課題を考察していく。

(1) 介護福祉の概念規定

①分析の前提

　我々は、日常、個人あるいは家庭で人間が生きている限り続けていかなければならない生活手段（衣食住等）を生活活動＝機能（生きていく為の活動）の過程で享受（消費）して人間らしい健康で文化的な生活活動（機能）の基盤である潜在能力（抽象的人間生活力〔人間の生きた身体の内に存在していて、人間が何らかの種類の生活をする際に支出する脳髄・筋肉・神経等の総体を意味する〕・抽象的人間労働力〔人間の生きた身体の内に存在していて、人間が何らかの種類の労働をする際に支出する脳髄・筋肉・神経等の総体を意味する〕）の維持・再生産・発達・発揮を成就している。宮本みち子氏が指摘されているように、「生活は大きく分類すれば、必需的な生活基盤機能と、そのうえに展開される生

活創造機能に分けられる。前者は人間の生理的再生産に関係する必需的部分である。内容は、①職機能、②健康維持機能、③衣装機能、④住機能、⑤移動機能、に分けられる[1)]。」後者は、「①娯楽機能、②教育機能に分けることができる[2)]。」

　高齢者が何らかの原因（失業、停年、疾病、傷害、障害等）の為に貧困や低所得に陥った場合、生活手段（所得の不足・欠如）から関係派生的に個人あるいは家庭で人間らしい健康で文化的な生活活動（基盤）の基盤である潜在能力（抽象的人間生活力・抽象的人間労働力）の維持・再生産・発達・発揮を成就していく事が部分的あるいは全体的に不可能になる（介護の必要性が生成してくる）。その時、介護の必要性が生成した場合、介護福祉を利用する。介護福祉労働（介護福祉労働手段も含む）が介護福祉利用の高齢者の生活手段（介護福祉労働は介護福祉利用の高齢者にとって生活手段であるが、一般的な生活手段と違って、生活手段の享受能力を引き出してくれる特殊な生活手段である）として対応していくが、日常の生活過程で高齢者の生活活動（潜在的能力）によって成就していく事と違いはない。そして、富沢賢治氏が現代資本主義社会における生活矛盾（生活問題）を経済的社会構成体（経済的社会構成体は、生産力の一定の発展段階に照応する生産関係の総体を経済的土台として捉え、社会的・政治的・精神的諸関係を、そのような土台の上に必然的に成り立った上部構造として捉え、両者を統一的に総括した概念である[3)]）に照応した全社会的生活過程との関連で考察されているように[4)]、介護福祉も全社会的生活過程との関連で考察していく事が重要と考える。

　それでは、現代資本主義社会の介護福祉は全社会的生活過程の中でどこに位置づけられるのであろうか。カール・マルクスが指摘されているように、「われわれはあらゆる人間的存在の、したがってまたあらゆる歴史の、第一の前提、すなわち人間たちは『歴史をつくり』うるために生きることができねばならないとう前提を確認することからはじめねば

ならない[5])」。そして、介護福祉利用の高齢者が人間らしい健康で文化的な生活活動（機能）の基盤である潜在能力（抽象的人間生活力・抽象的人間労働力）の維持・再生産・発達・発揮を成就する為には、「なにはさておき飲食、住、衣、その他、若干のことがなくてはかなわない。したがって最初の歴史的行為はこれらの必要の充足のための諸手段の産出、物質的生活そのものの生産であり、しかもこれは、今日もなお何千何年と同じように人間（高齢者―挿入、筆者）たちをただ生かしておくだけのために日々刻々、果たさなければならぬ一つの歴史的行為であり、あらゆる歴史の根本的条件である[6]」。

とするならば、介護福祉の土台は物質的生産であり、その生産様式（生産様式は、生産力と生産関係との統一で、一定の生産力と一定の生産関係とから成り立つ）である。つまり、富沢賢治氏が指摘されている経済的生活過程であり、その「経済的生活過程は、物質的富の生産、分配、交換、消費の過程から成る。生産諸力を用いて人間が相互に関連しあって自然との資料変換をどのように行うかというその様式に、歴史的な社会構造を問題とする視点から形態規定を与えたものが生産様式であり、資料変換のさいの諸個人間の関連を生産様式という概念装置をとおして整序してとらえかえしたものが生産関係である[7]。」

この経済的生活過程の土台の上に社会的生活過程[8]、政治的生活過程[9]、精神的生活過程[10]が位置し、国家（地方自治体も含む）及び国家等の公的あるいは民間の介護福祉は政治的生活過程・社会的生活過程・精神的生活過程に属するが、経済的生活過程が社会的生活過程、政治的生活過程、精神的生活過程を条件づけるのである。言わば、「国家諸形態は……物質的な諸生産関係に根ざしており[11]」、国家等の公的あるいは民間の介護福祉は絶対的に経済的生活過程に規定されるが、相対的に政治的生活過程・社会的生活過程・精神的生活過程が国家等の公的あるいは民間の介護福祉を規定する場合がある[12]。

かくして結論的には、介護福祉の基本問題を考察していく場合、資本

主義社会における介護福祉労働様式（その特徴は、施設や事業所の労働手段の私的所有に基づいて事業者が介護賃労働者〔賃金労働者〕を搾取する事にある。この労働様式では、剰余価値〔利潤〕の介護福祉労働が直接的目的であり、介護福祉労働の決定的な動機である。資本主義社会の下では、介護福祉労働の社会的性格と利潤の取得の私的資本主義的形態との矛盾が基本的矛盾となっている[13]）との関連で考察していく事が重要であると言える。そして、経済的生活過程での生産手段の社会化のような変化と共に、国家等の公的あるいは民間の介護福祉が徐々に、あるいは急激に変革されると見る事ができる[14]。

②介護福祉労働の二つの要因の分析

　まず筆者の知人の在宅介護の事例を見てみよう。鹿児島市内で小さなパン工場で従業員（労働者）として働いたＫ氏（73歳）は、独居老人（妻は6年前に病気で死亡）で医療の必要性の高い要介護度5の寝たきり状態であり、介護保険によって特別養護老人ホームに入所している。一人娘（42歳）は、結婚して徒歩で30分程度のところに居住している。娘は、共働き（パート労働）と二人の子育て（日中は、保育所に入園させている）で苦闘している為、年に数回しか父が入所している特別養護老人ホームを訪問できない。

　この事例から言える事は、現代資本主義社会の生産関係に生活活動上の阻害（Ｋ氏の潜在能力の維持・再生産・発達・発揮の阻害）の介護福祉問題が存在していると言う事である。と言うのは、現代資本主義社会においては、多くの国民大衆は自らの労働力の使用権を資本家等に売り渡し、その報酬として賃金を得る。そして、その賃金等の収入で、市場から生活手段（物質的及びサービスの生活手段）を購入して消費生活を営み、人間の潜在能力（抽象的人間生活力・抽象的人間労働力）の維持・再生産・発達・発揮を行う。ところが、失業・停年・疾病・傷害・虚弱・障害等によって生産関係から脱落する国民大衆が発生する。現代資本主

義社会は、生産関係から脱落した高齢者が貧困及び低所得状況に陥り、生活活動上に介護福祉問題が発生する。ここに生活活動上の介護福祉問題があるが、その生活活動上の介護福祉問題の内容と程度は、高齢者の年金・資産の程度、家族介護の充足、地域の相互支援状況、ボランティアの存在と活動状況、公的な生活手段（老人福祉や介護保険・医療保険等も含む）整備等の実態によって異なる。K氏の場合、寝たきり状態になる前は、多様な生活活動を自らの意志で決定し、自らの労働力の使用権の販売で収入（経済）活動を行ってきた。そして、こうした収入活動の上に、単に生理的な欲求を満たすだけのものではなく、精神的欲求や社会的欲求、さらには文化的欲求を満たす為の活動も行ってきた。つまり、こうした生活活動の総合の上に生活が成り立っている事から、生活とは高齢者が人間らしく健康で文化的に生きる為の総合活動の過程であると言える。

　ところが、K氏のように身体的精神的な機能低下等を要因として、総合的生活活動が行えない状態（要介護度5と言う寝たきり状態）になる（生理的欲求として挙げられる食事、排泄、清潔、睡眠等の活動が機能しないことは、生命維持の危険に繋がり、精神的欲求、社会的欲求、文化的欲求が充足されない事は、生きる意欲の喪失に結び付く事になる）。この場合、高齢者の潜在能力の維持・再生産・発達・発揮ができるように支援を通して、命を護り、生きる意欲を引き出す必要性がでてくる。これが介護保険による介護支援である。K氏の場合、娘の私的な家族介護ができない為、人間らしく生きていく為の生活活動をK氏自身で行う事ができず、深刻な介護福祉問題が発生してきた。そこで特別養護老人ホームに入所する事になった。

　そして、介護福祉は、介護福祉労働等を媒介として具現化されるものであり、その介護福祉労働等の内容は、まず「掃除」と言う介護行為を例に挙げると、「ほこりを取り、換気をするというこの行為は、雑菌を除去すること、きれいな空気を部屋の中に取り入れることであり、酸素

を体内に送り込むことであり、体内ではその酸素の力で栄養素が活力として働き、細胞が活性化し、生命力をたかめることになる。そして気分は爽快になり、生きる意欲に結びつくという循環になる。さらに、家具や調度品、生活用具の整理整頓にしても、その人の状況に合わせて整理整頓することによって、生活上の危険を防止し、また緊急時の対応を可能にする。‥‥また、『食事』にしても、どのように食事介護をすれば、介護の目標に合うであろうか、その人の好きな食物を、好みの味に調え、状況（咀嚼力、嚥下力、消化力）に合わせた形態に加工し、食べる時期を考え、食べる量を調え、目を楽しませる盛りつけをし、楽しい会話をし、食欲を引き出す。こうして楽しくおいしく食べるための援助として、食事介護を展開しなければならない。『排泄』にしても、遠慮や気兼ねがなく排泄できる条件づくりが必要である。そのためには排泄用具、排泄行為のしやすい衣服、トイレの位置、場所、おむつの種類を考える必要がある。‥‥『入浴』も同様である。入浴介護を行うためには、入浴時、浴室までの移動時の安全確保、浴室の構造、湯の温度、湯量、入浴時間、入浴時期などを考え、入浴のもたらす効果を最大限に引き出さなければならない。『洗濯』にしても、ただ衣類を洗えばいいということではない。洗濯物の量と内容から健康状態や生活上の変化を察しなければならない。例えばケアワーカーの訪問の間隔が短いのに洗濯物が多く出ていたとすれば、何を考えなければならないだろうか。それは汚す身体的な原因がどこかにあるということであり、また、訪問間隔が長いのに洗濯物が少ないことになれば、着替えることが困難になった原因がどこにあるか考えてみなければならない。清潔な衣類に着替えることを通して、生命を縮めたり、生きる意欲を喪失させる原因がないかどうかの観察が必要となる。」（井上千津子「介護福祉の概念」〔一番ケ瀬康子監修『新・介護福祉学とは何か』ミネルヴァ書房、2000年、14-15頁〕）

　さらに、こうした介護福祉労働等の内容の現象の認識に留まるのではなく、介護福祉労働等の内容の現象の内的関連と相互依存性とにおいて、

介護福祉労働等に内在している二つの要因を分析していく必要性がある。

ところで、介護福祉は対象（社会問題としての介護福祉問題を担った介護福祉利用の高齢者）、生活目的（介護福祉利用の高齢者が介護福祉労働及び介護福祉労働手段を享受し、人間らしい健康で文化的な生活活動〔機能〕の基盤である潜在能力〔抽象的人間生活力＝人間が生活の際に支出する脳髄・神経・筋肉等を意味する・抽象的人間労働力＝人間が労働の際に支出する脳髄・神経・筋肉等を意味する〕の維持・再生産・発達・発揮を成就する事）、生活手段（介護福祉労働及び介護福祉労働手段等）を総体的に捉え、そして、介護福祉の政策主体と介護福祉利用の高齢者を媒介しているのも介護福祉労働である。つまり、介護福祉利用の高齢者が実際に日常の生活過程で介護福祉労働を享受し、人間らしい健康で文化的な生活活動〔機能〕の基盤である潜在能力〔抽象的人間生活力・抽象的人間労働力〕の維持・再生産・発達・発揮を成就しているのは事実（科学は理念・思弁や仮定等から出発するのではなく、事実から出発するものである）の現象であり、政策主体（総資本・国家等）の目的（価値・剰余価値の支配）を享受しているのも介護福祉労働によるものであり、事実の本質である。筆者はこの事実の現象・本質の仮説から出発する。そして、介護福祉利用の高齢者の生活手段としての現代資本主義社会における介護福祉労働の現象は、国家等の公的あるいは民間企業（特に社会福祉基礎構造改革以降後、企業の商品としての介護福祉労働サービスが増加している）の介護福祉労働以外のボランティア活動や非営利活動が拡大しているとは言え、支配的には国家等の公的あるいは民間の商品としての介護福祉労働が多く見られる。つまり、真田是氏が指摘されているように、「①金銭給付及び貸し付け、②福祉施設提供、③生活補助設備、器具の提供、④機能回復・発達のための設備、器具の提供、⑤生活の介助・介護、⑥予防・治療のための医療給付、⑦生活指導を含む機能回復・発達のためのリハビリテーション、⑧職業訓練給付、⑨診断・あっせん処置を含む相談などの人的手段を通じた直接的

な現物給付、⑩問題発見や解決のための調査活動、⑪問題解決のための社会資源の伝達や社会的認識向上のための広報活動、⑫問題解決のための地域住民や関係団体、関係施設などの組織活動、⑬社会資源の有効活用のための連絡調整活動などの間接手段の提供[15]」等の介護福祉労働(社会福祉労働手段も含む)の事実の現象として見られ、しかも多くの場合、これらの介護福祉労働は複合的に行われ、また、介護福祉の歴史の発展過程においてその介護福祉労働の量と質は相違する。とは言え、これらの介護福祉労働の事実の現象を通して、介護福祉労働の二つの内在的な要因を分析していく事が重要である。

とするならば、介護福祉労働は第一に、生活手段として介護福祉利用の高齢者の何らかの種類の欲望を部分的あるいは全体的に享受しているのである(つまり、介護福祉利用の高齢者が人間らしい健康で文化的な生活活動〔機能〕の基盤である潜在能力〔抽象的人間生活力・抽象的人間労働力〕の維持・再生産・発達・発揮を行う事ができる欲望を享受する事)。この欲望の享受は、それが例えば物質的生産物(介護福祉施設、介護福祉機器、年金制度や生活保護制度の金銭で生じようと、人的サービス(介護福祉サービス等)あるいは物質的生産物と人的サービスとの併用で生じようと、少しも介護福祉利用の高齢者にとってその使用価値の事柄の性質を変えるものではない。重要なのは、介護福祉労働手段と伴に介護福祉労働が介護福祉利用の高齢者に対象化(介護福祉労働の対象化とは、介護福祉利用の高齢者に介護福祉労働手段と伴に介護福祉労働者の抽象的人間労働の凝固の社会関係を意味する)・共同化(介護福祉労働の共同化とは、二宮厚美氏が指摘されているように、介護福祉労働をひとつの労働過程として捉えた場合、介護福祉労働者がその労働主体となるが、介護福祉労働者と介護福祉利用の高齢者とのコミュニケーション過程の面から見ると、介護福祉の必要性・要求の発信主体は介護福祉利用の高齢者であり、介護福祉労働は介護福祉利用の高齢者の了解・合意を前提にして、ひとつの共受関係に入る事を意味する。そして、介

護福祉労働者は介護福祉利用の高齢者の生活活動〔機能〕の基盤である潜在能力＝抽象的人間生活力に非言語及び言語的コミュニケーションを媒介にして働きかけ、その生活活動〔機能〕の基盤である潜在能力＝抽象的人間生活力を顕在化〔発揮〕させる事によって、介護福祉利用の高齢者は人間らしい健康で文化的な生活活動〔機能〕の基盤である潜在能力＝抽象的人間生活力・抽象的人間労働力の維持・再生産・発達・発揮を成就しているのである[16]）され、介護福祉利用の高齢者の欲望が享受される事によって、介護福祉利用の高齢者の人間らしい健康で文化的な生活活動（機能）の基盤である潜在能力＝抽象的人間生活力・抽象的人間労働力の維持・再生産・発達・発揮に部分的あるいは全体的に関係していると言う事は二重の観点から、即ち質と量の面から分析していく必要があるが、その有用性は介護福祉利用の高齢者にとって使用価値になる。しかもこの使用価値は、介護福祉利用の高齢者の介護福祉労働の使用関係や介護福祉労働の実体（実態）に制約されているので、その使用・享受関係や実体（実態）なしには存在しない。それ故、介護福祉労働における人的サービスの提供そのもの、生活手段提供そのものの使用・享受関係やその実体（実態）が使用価値なのである。そして、使用価値はどれぐらいの人的サービス、どれぐらいの生活手段と言ったような、その量的な規定性が前提とされ、また、実際の使用と享受によってのみ成就される（つまり、実際に使用と享受されていない介護福祉は潜在的介護福祉であり、実際に使用と享受されている介護福祉は顕在的介護福祉である）。さらにこの使用価値は、介護福祉の素材的な内容をなしている。

　使用価値はなによりもまず、多様に異なった量と質でありその具体的有用労働であるが、その使用価値を捨象するならば、介護福祉労働に残っているものは無差別に抽象的人間労働の、その支出形態（人的サービス提供形態の介護福祉労働、住宅提供形態の介護福祉労働、食物提供形態の介護福祉労働、入浴給付形態の介護福祉労働等）には関わりのない抽象的人間労働の支出の、ただの凝固の社会関係のほかにはなにもない。

これらの事が意味しているのは、ただ、その介護福祉利用の高齢者に介護福祉労働手段と伴に介護福祉労働者の抽象的人間労働が対象化・共同化され、介護福祉利用の高齢者の体内に抽象的人間労働が積み上げられ享受されていると言う事だけである（介護福祉利用の高齢者の体内に抽象的人間生活力・抽象的人間労働力が形成される）。このような介護福祉労働の社会関係の結晶として、これらのものを価値（価値の社会的実体は、抽象的人間労働である）と言う。つまり、抽象的人間労働が価値になるのは人間の存在の根本的要素である自然素材と抽象的人間労働とが結合し、凝固状態の社会関係にあるからである。とするならば、介護福祉利用の高齢者（人間）と雖も自然素材と同次元（人間【高齢者】も自然的存在であり自然の一部であると言う意味）にあり、しかも人間（介護福祉利用の高齢者に対して介護福祉労働者の抽象的人間労働が社会福祉労働手段とコミュニケーションを媒介として対象化・共同化され、介護福祉利用の高齢者がそれを享受（結合し凝固される事）し、人間らしい健康で文化的な生活活動（機能）の基盤である潜在能力（抽象的人間生活力・抽象的人間労働力）の維持・再生産・発達・発揮を部分的あるいは全体的に成就しているのである。

　では、価値の大きさはどのようにして計られるのであろうか。それに含まれている価値を形成する社会的実体の量、すなわち介護福祉労働の量によってである。介護福祉労働の量そのものは、その介護福祉労働の継続時間で計られ、労働時間いわゆる一時間とか一日とかと言うような一定の時間部分をその度量標準としている。そして、価値はその介護福祉労働中に支出される労働量によって規定されると考えられる。そして、ある介護福祉労働者が怠惰または不熟練であればあるほど多くの労働時間を必要とするので、価値が大きいと思われるかも知れない。しかし価値の社会的実体をなしている労働は、同じ抽象的人間労働である。介護福祉労働界の価値となって現れる総労働は、無数の個別的労働から成り立っているが、ここでは一つの同じ抽象的人間労働と見なされるのであ

る。これらの個別的労働のおのおのは、それが社会的平均労働と言う性格を持ち、このような社会的平均労働として作用し、従って介護福祉労働においてもただ平均的に必要な、または社会的に必要な労働時間とは、現在の社会的に正常な介護福祉労働の条件と、介護福祉労働の熟練及び強度の社会的平均度をもって、使用価値・価値の維持・再生産・発達の為に必要な労働時間である。それ故、ある使用価値の価値を規定するものは、ただ社会的に必要な介護福祉労働の量、即ち介護福祉労働を享受している介護福祉利用の高齢者の生活活動（機能）の基盤である潜在能力（抽象的人間生活力・抽象的人間労働力）の維持・再生産・発達に社会的に必要な労働時間だけである。また、価値、一定の大きさの凝固した労働時間でしかない。

　さらに、単に価値を形成するだけではなく剰余価値も形成する。と言うのは、土台（現代資本主義社会の生産様式）に規定された国家の機関である旧厚生省は、社会福祉等の「『人間投資』は、経済発展の基底（経済発展の基底は利潤であり、利潤の原泉は剰余価値である―挿入、筆者）をなすもの、経済発展がそこから絶えず養分を吸収しなければならないものであり、経済の発展に背くものではなく、その発展とともにあるものである[17)]」と考えており、介護福祉労働に必要な労働力商品の価値総額よりも高い事を欲するからである。国家は、国家財政を通して介護福祉労働者に労働力の価格（賃金）を支払うが、介護福祉労働者が一労働日（一日の労働時間）中に福祉利用者に対象化・共同化した価値は、介護福祉労働者自身の労働力の価値とこれを超過する部分とを含む。即ち、一労働日は必要労働＝支払い労働と剰余労働＝不払い労働との二つの部分からなるのである。このように、介護福祉労働過程での剰余労働によって作り出された部分の価値を剰余価値と言う。介護福祉労働過程（介護福祉労働過程は労働過程と価値増殖過程に分けられる）で剰余価値が形成されている事は、介護福祉労働者は搾取されている事を意味する。そして、物質的生産・サービス企業の資本は、労働者（停年した

高齢者の労働者も含む）が生み出した剰余価値を搾取してきたにも拘わらず、現在、富沢賢治氏も指摘されているように、「社会福祉（介護福祉－挿入、筆者）……への国家財政支出の削減による追加搾取がなされ[18]」、さらに消費税の増税を行って国民に介護福祉の財政責任を転嫁している。

　このように介護福祉は、介護福祉利用の高齢者の人間らしい健康で文化的な生活活動（機能）の基盤である潜在能力（抽象的人間生活力・抽象的人間労働力）の維持・再生産・発達・発揮の使用価値と現代資本主義社会の資本の為の価値と剰余価値を保障する任務を果たし、介護福祉の基本的矛盾の統一対として存在しているが、しかしだからと言って、国家が自発的に介護福祉を創設したものではない。独占資本の段階において、深刻な介護問題の状況下にいる家族及び介護福祉利用の必要性のある高齢者の介護福祉要求及び介護福祉労働者を初めとする労働者階級等に属する人々等が、介護問題からの解放を求めての介護福祉運動（労働組合運動も含む）等に対する譲歩である。と言うのは、現代資本主義社会において介護福祉利用の高齢者のような労働者階級等に属している人々は生産手段・生活手段から疎外されており、介護問題は必然的である（絶対的貧困）。介護福祉問題の状況下にある家族や高齢者は、自分の非人間化を認識し、それ故に自分自身を止揚する非人間として生みださざるをえない。かくして介護福祉問題の状況下にある家族や高齢者、彼に介護福祉の必要性の認識をもたらしめ、内的必然性を持って、人間としての生存を求めて国家に介護福祉を要求していく介護福祉運動に赴かせざるを得ないのである。つまり、介護福祉問題の介護福祉利用の高齢者の「状態は、現在のあらゆる社会運動の実際の土台であり、出発点である[19]」。そして、こうした介護福祉運動は、「しばしば経済的性格から政治的性格へ移行し、サンディカリズムのいう最高の社会戦争まで発展していく可能性をはらんでいるのであって、このような自体は資本主義制度にとっての構造的危機を意味するものにほかならない[20]」。また、「どこでも政治的支配の基礎には[21]」、介護福祉等のような「社会

的な公務活動があったのであり、また政治的支配は、それが自己のこういう社会的な公務活動を果たした場合にだけ長く続いた[22]」のである。

　しかし、現代資本主義社会の生産あるいは再生産過程において、要介護者がその生産・再生産の担い手になる者が殆どいないと思われるが、その場合、生存権的平等としての公的介護福祉権の根拠をどこに求めるかである。筆者は、その根拠を次のような点に求めたい。吉田秀夫氏が指摘されているように、「第1点は、要介護者（殆どの要介護者が労働者階級に所属していたと言う事を前提に）が、過去、労働者時代に搾取された分の一部を、介護福祉サービスの形で還流させると言う事である。第2点は、高齢による生活活動上の阻害は個人の責任ではなく、人間社会の共同の責任である。」（吉田秀夫著『社会保障入門』労働旬報社、1967年、39頁）それ故、社会保障によって、「一般国民が、‥‥老齢の原因によって、一時的にせよ、また永久的にせよ、生活が脅かされたときに、労働者や一般国民の基本的な社会的権利として、正常な生活を営めるように、所得の保障あるいは現物のサービスという手段で、国家が措置しなければならないのである。」（吉田、前掲書、35-36頁）第3点は、介護福祉権は憲法第25条が根拠となっていると言う事である。要介護状況で「健康で文化的な最低限度の生活」ができない場合、「健康で文化的な最低限度の生活」ができるような介護福祉サービスが国の責任のもとに保障されなければならない。そして、その介護福祉サービスの具体的内容は、「決して固定的なものではなく、通常は絶えず進展向上しつつあるものと考えられるが、それが人間としての生活の最低限度という一線を有する以上、理論的には特定の国における特定の時点において、一応客観的に決定すべきものであり、またしうるものであるということができよう。―中略―その2は、その時々の国の予算の配分によって左右されるべきものではないということである。予算を潤沢にすることによって、最低限度以上の水準を保障することは立法政策としては自由であるが、最低限度の水準は決して予算の有無によって決定されるもので

はなく、むしろこれを指導支配すべきものである。」（高野範城著『社会福祉と人権』創風社、2001年、50-53頁）と考えるのが妥当である。

　以上のことから介護福祉とは何かを定義するならば、つぎのような定義が可能である。つまり、介護福祉とは、高齢者の失業・停年・疾病・傷害・虚弱・障害等の原因として生成してきた貧困・低所得問題を基底とし、家族介護等の不足・欠如から関係派生的に生成してきた要支援・要介護問題に対し、国民大衆の主体的な介護問題解決への必要性の認識及び価値観の高揚、介護福祉要求運動に影響を受けて顕在化してきた介護福祉問題に向けられた国家・企業主体等の価値・剰余価値を本質的目的とする公私の介護福祉方策・施設の総称であって、その本質の現象的表現は、要介護者の使用価値の生活目的（生存権的平等保障の理念に基づいて、要介護者の潜在能力の発達・発揮による日常生活活動への支援と指導・訓練と生活財【居住施設、入浴施設、提供される食事等】への関係づけへの支援及び指導・訓練によって、要介護者が人間らしい健康で文化的な潜在能力の維持・再生産・発達・発揮の成就の介護福祉を意味する）の成就を、生活手段である介護福祉手段（地方自治体の老人福祉行政・老人福祉施設・老人保健施設・介護保険制度等）を通して、個別的・集団的・組織的及び総合的に行うところにあると言える。

(2) 本源的規定における介護福祉の使用価値の支援（労働）行為

　介護福祉の本源的規定においては、現代資本主義社会と言う歴史的規定を捨象する事が必要であり、どんな経済的社会構成体にも存在している事に焦点をあてて論じていく。つまり、介護福祉の使用価値を享受する事によって、介護福祉利用の高齢者が人間らしい健康で文化的な生活活動（機能）の基盤である潜在能力（抽象的人間生活力・抽象的人間労働力）の維持・再生産・発達・発揮を成就している事は、人類史の全過程に貫かれている人間にとって永遠のそして根源的な課題である（勿論、

その質及び量の程度は、歴史的形態と発展によって異なる）。それ故、介護福祉は第一にどんな特定の経済的社会構成体に関わりなく考察しなければならないのである。

とするならば、介護福祉は第一に、支援（労働）行為者と支援（労働）対象者との間の支援（労働）過程である。この過程で支援（労働）行為者は、支援（労働）対象者に対して支援（労働）行為者自身の行為（コミュニケーションも含む）によって媒介し、規制し、制御するのである。支援（労働）行為者は、支援（労働）対象者にとっての使用価値に部分的あるいは全体的に関係する為に、支援（労働）行為者の身体に備わる自然力、腕や脚、頭や手を動かす。支援（労働）行為者は、この運動によって支援（労働）対象者にとっての使用価値に部分的あるいは全体的に関係し、そうする事によって、同時に支援（労働）行為者自身をも変化させる（支援・労働行為者自身の人間形成に繋がっていく事）。支援（労働）行為者は、自分自身の自然の内に眠っている潜勢力を発現させ、その諸力の営みを自分自身の統御に従わせる。それ故、支援（労働）行為は合目的的な活動と言う事である。と言うのは、支援（労働）行為者は支援（労働）対象者を対象として、支援（労働）行為者の目的（支援・労働対象が使用価値を享受するのに部分的あるいは全体的に関係する事）を実現するのである。その目的は、支援（労働）行為者の頭脳の中に存在している。

また、支援（労働）行為の過程の単純な諸契機は、合目的的な活動または支援（労働）行為そのものとその対象とその手段である。そして、支援（労働）行為の対象は、生活活動（機能）の基盤である潜在能力（抽象的人間生活力）の維持・再生産・発達・発揮の困難な状況下にいる支援（労働）対象者である。さらに支援（労働）行為の手段は、支援（労働）行為者によって支援（労働）行為者と支援（労働）対象者との間に入れられて、支援（労働）対象者への支援（労働）行為者の働きかけの導体として、支援（労働）行為者の為に役立つものまたは色々な物の複

合体である。それ故、支援（労働）行為者は、その手段の色々な物的、物理的、科学的、栄養的、医学的、教育的等の性質を利用して、それらの物を、支援（労働）行為者の目的に応じて、他の色々な物に対する力手段として作用させる。土地（例えば、介護福祉施設を建てる場所等）と自然環境（ある介護福祉施設では、桜の自然環境を利用して桜見会を行っているところもある）も支援（労働）行為の手段になる。要するに、支援（労働）行為の過程では、支援（労働）行為者が支援（労働）行為の手段を利用して、支援（労働）対象者の生活活動（機能）の基盤である潜在能力（抽象的人間生活力）の維持・再生産・発達・発揮に部分的あるいは全体的に関係しているのである。

　これまで筆者がその単純な諸契機について述べてきたような支援（労働）行為の過程は、支援（労働）対象者にとっての使用価値の享受の合目的的な行為であり、また生活活動（基盤）の基盤である潜在能力（抽象的人間生活力）の維持・再生産・発達・発揮の成就と言う支援（労働）対象者の欲望を部分的あるいは全体的に満足させるものであり、さらに支援（労働）行為者と支援（労働）対象者との一般的な条件であり、全歴史を貫徹している自然条件である。

(3) 歴史的規定における価値・剰余価値の介護福祉

　前述においては、歴史的規定の入りこまない使用価値の支援行為（労働）の考察であった。そこで次に、歴史的規定における価値・剰余価値の介護福祉を考察して見よう。　現代資本主義社会の生産様式に絶対的に規定された国家[23]は、介護福祉のもう一つの要因、すなわち総資本が価値・剰余価値を支配し享受していく事を促進する（例えば、資本主義社会の生産様式〔土台〕の上部構造に位置する新自由主義改革による介護福祉財政の削減・抑制策により総資本が価値・剰余価値を支配し享受していく事を促進する）。現に社会福祉基礎構造改革によって「①こ

れまで公立や社会福祉法人運営を原則にしてきた社会福祉分野への民間営利企業の参入。②社会福祉サービス提供・給付制度の措置制度から民法上の契約制度への変更。③社会福祉利用にともなう費用負担体系の『応能負担』主義から『応益負担』主義への変更。④生存権の権利保障体系から契約制度を合理的に機能させるための手続き的『権利擁護制度』に限定された方向への転換[24]」の改革が行われ、総資本が価値・剰余価値を支配し享受していく事を促進する事が図られている。こうした社会福祉基礎構造改革後の介護福祉においては、市場原理を導入する事によってますます剰余価値（利潤及び収益性）の要因が高まっていく事により、以下のような矛盾が深刻化してくる。

　現代資本主義社会における介護福祉は、資本主義経済構造に規定された国家の監督及び規制の下で行われ、しかも官僚制的主導によって行われる（官僚制は、国家の目的「剰余価値の形成」とする福祉施策を合理的・効率的に遂行する為の不可欠な制度として、国家の中心に位置している）。それゆえ、必ずしも要介護者（特に貧困者や低所得者の要介護者）の生存権的平等を保障していく福祉行政を行っているものではない。むしろ生存権的平等を形骸化させているが、この点は介護保険制度を例として検証して見よう。

　まず矛盾の第1点は、介護福祉サービス基盤の不整備と言う問題が存在していると言うことである。伊藤周平氏が指摘されているように、「要介護者が介護福祉サービスを十分に選択できるかどうかは、根本的には介護福祉サービスの供給量が十分かどうかに相関しているが、新ゴールドプランの達成状況を見ると、1999年度の新ゴールドプランの予算は8、777億円前年度に比較して292億円増に留まり、1998年度の増加額を下回った。さらに、ケアハウス（介護利用型軽費老人ホーム）は予算定員8万3、400人分の要求に留まり、目標値10万人分に達していない。また、ホームヘルパーは予算人員で17万8,500人で、目標値の17万人を上回ったかに見えるが、1998年度3月末の実績では、全国の約13万人

にすぎず（1998年の予算人員は約16万7,908人）、目標値の達成状況も7割程度である。さらに、施設サービスの整備にはばらつきが見られる。特別養護老人ホームは、新ゴールドプランの目標値29万人分を上回る30万人分の予算が確保され、実績もこの目標値が達成可能な見込みだが、一方、老人保健施設は目標値の28万人分に対して、1999年10月末現在で、2,443施設、入所定員は21万3,284人で、達成状況は76％となっている。そして、サービス整備の地方自治体間のばらつきも大きく、各市町村に対する調査では、制度実施時までに必要とされる施設サービスが8割以上整うとした市町村が47％、ホームヘルプサービスも8割以上としたのが48％に留まっている。こうした新ゴールドプランの目標値の達成が難しくなった主要な理由は、国が新ゴールドプランを達成する為の十分な財政支援を怠ったからである。それにもかかわらず、介護福祉サービス量の確保を介護福祉サービス事業者に委ねられている（その為に、介護福祉サービス整備も、民間事業者等の誘致計画が中心となる）。」（伊藤周平箸『介護保険と社会福祉』ミネルヴァ書房、2000年、114-115頁）介護福祉の基盤整備や実施・運営は、国家の公的責任の下で行われなければならない（日本経済新聞、1999年3月28日朝刊）。つまり、江口隆裕氏が指摘されているように、「憲法第25条第2項（国は、すべての生活部面について、社会福祉、社会保障及び公衆衛生の向上及び増進に努めなければならない）、老人福祉法第4条（国及び地方公共団体は、老人の福祉を増進する責務を有する）、介護保険法第5条（国は、介護保険事業の運営が健全かつ円滑に行われるよう保健医療サービス及び福祉サービスを提供する体制の確保に関する施策その他の必要な各般の措置を講じなければならない）を根拠に考えれば、介護福祉の事務・事業が適切に運営されるよう、その組織体制やサービスの実施方法、その財政措置を含めた制度全体の管理運営をおこなう責任が国にあると言える。」（江口隆裕箸『社会保障の基本原理を考える』有斐閣、1996年、28-29頁）

矛盾の第2点は、高齢者以外の障害者を排除しているのは、介護保険制度の最大の欠陥であると言う事である。国は財政的理由によって高齢者以外の障害者を排除しているが、それが国民誰もが、身近に、必要な介護福祉を受けることができると言う普遍主義の原則に反している。それゆえ、前述したように、健康で文化的な最低限度の介護福祉の対象は、予算の有無によって決定されるのではなく、むしろこれを指導支配すべきものである。

　矛盾の第3点は、貧困者や低所得者を排除しているのも、介護保険制度の最大の欠陥であると言う事である。介護保険法では、保険料滞納の場合の保険給付の一部もしくは全部の差し止め、過去に保険料の未納がある場合の9割から7割への保険給付率の引き下げ等、厳しい制裁規定が設けられている。もっとも介護保険法（第142条）には、市町村が条例で保険料の減免や徴収を猶予する事ができる旨の規定がある。しかし、この場合の保険料減免措置は、一般的な低所得を理由とするものではなく、災害や世帯主の失業などで負担能力が一時的に低下した場合に限定されている。また、介護保険法（第132条）は、第1号被保険者本人から保険料を徴収できない場合には、世帯主や配偶者が連帯して納付する義務を負う定めがある（しかし、これは家族責任論の押し付けになる）。したがって、考えられる事は、国民健康保険と同様に、保険料未納・滞納の場合、保険給付の一部もしくは全部の差し止めの可能性が大である[25]。「それゆえ、お金のある人だけを対象にした社会福祉は、憲法第25条に違反する疑いがあります。むしろ福祉が対象とする多くは、‥‥個人の努力ではどうにもならない事故のために貧困になった人であり、お金のない人であり、障害をもって生活に困窮したり、自立することが困難な人です。‥‥お金のない人に対しても、人間らしい生活を保障しなければならない根拠が憲法第25条にあることを意味します。」（高野、前掲書、46頁）

　矛盾の第4点は、要介護認定に問題が存在していると言うことである。伊藤周平氏が指摘されているように、「要介護認定の問題の第1点は、

要介護認定の認定調査の問題である。この認定調査においては、実際の調査の場面で、どう判断し、記載していいのか、曖昧な質問項目も多く、同じ要介護者を複数の調査員で調査した結果、各調査員の記載項目に幾つかの食い違いが出ているところもあった。第2点は、コンピュータによる一次判定そのものの問題である。つまり、この要介護認定の基準は、住居基盤がバリアフリーをなされており、専門的な介護者がいる特別養護老人ホームや老人保健施設の介護のデータに基づいて要介護認定基準時間を推計したものであって、家族介護者の事情や居住環境等が個別に異なる在宅の要介護者に機械的に適用しているところに問題がある。第3点は、要介護認定が心身の障害のみを判定の基準にし、家族介護者の状況、居住環境のバリアフリー状況等を考慮していないところに問題がある。と言うのは、デイサービス（通所介護）の利用者も身体的な自立度が高い人が多く、現在、利用している人の約3割が「自立」と判定されている。第4点は、認定作業の物理的な限界から、二次判定がコンピュータの一次判定の機械的な追認となっていると言う問題である。と言うのは、現実問題として、申請が多くなった場合、膨大な事務量が予想される認定作業を30日以内と言う限定された期間内に、非常勤の委員で構成されている認定審査会で適切に処理することは物理的に困難である。」（伊藤、前掲書、42-53頁）

　矛盾の第5点は、介護福祉の質の低下と介護福祉労働者等の不安定雇用化の問題が存在していると言うことである。伊藤周平氏が指摘されているように、「現在、在宅福祉サービスの柱であるヘルパーの大半が低賃金で、不安定雇用の非常勤（パート）ヘルパーで占められている。パートのヘルパーは、多くが「登録ヘルパー」で、就業形態は直行直帰（直接要介護者宅に行き、事務所によらずに帰る形）であり、時間きざみのパート就業であり、身分保障がきわめて不安定で労働条件も劣悪である（国民生活センターが、1997年に首都圏のヘルパーを対象に行った調査では、月収10万円以下のヘルパーが過半数を占め、中には一晩で20数

軒の家を回る深夜巡回介護を含め、月26日働いて月収が16万円と言う営利企業の社員の事例もあった。）（伊藤、前掲書、113-138頁）「特に事業者が営利企業の場合、利潤をあげなければならない為、介護福祉の担い手であるヘルパー等の人件費削減へ向かう。全国展開している営利企業のヘルパーの時給を見ると身体介護で1,500円程度となっている。つまり、1時間4,000円の介護報酬の内、実に3分の2近くの2,500円が事業所の収入になっている（おそらく、多くの事業者では、常勤ヘルパーを最低限の配置ですませ、大半をパートのヘルパーで雇用する形になっていると思われる。パートのヘルパーなら、低賃金で雇用でき、24時間巡回型のような深夜労働にも使え、体をこわしても次から次へと使い捨てにできるからである）。」（伊藤、前掲書、113-138頁）「このように人件費の削減（労働条件の劣悪化）は、当然のことながら、介護福祉士の無資格のヘルパーや短期間の研修で修了証を保持しているヘルパーしか確保できず、介護福祉の質の低下に繋がる。そして、身体が虚弱であり、判断能力が衰えている要介護者が、質の低い介護福祉を拒否するとはかぎらないし、もし事業者と要介護者との間でトラブルが発生した場合、これをどのように解決していくかが重要になってくる。介護保険法では、契約のトラブルは審査請求の対象にはなっていない（これが権利擁護をめぐる混乱の要因になっている）。つまり、介護保険法は、権利擁護の仕組み、紛争解決の方法、機関、権限、費用負担等について、同法第183条の審査請求と同法第176条の国民健康保険法の勧告を除けば、具体的には何ら定めていないのである。」（高野、前掲書、155頁）

　矛盾の第6点は、保険給付の上限（区分支給限度額）によって、介護福祉利用しようとする高齢者にサービス利用の阻害となっている。それ故、区分支給限度額は廃止する必要がある（林康則「介護保障につなぐ制度改革」『老後不安社会からの転換』大月書店、2017年、321頁）。何故なら「現在の介護保険には七段階に区分された保険給付の上限額（区分支給限度額）が設定されており、この額をオーバーした分は100％自

己負担（保険外サービス）になるため、利用者にとってサービス利用の障壁となっている。」（林、前掲書、321 頁）

　矛盾の第 7 点は、介護福祉利用者を事業者や介護福祉施設に利益をもたらす消費者として捉えられ、介護福祉利用者が担っている社会問題としての介護問題が看過されると言う矛盾である。介護福祉利用者と言う用語は、一見、介護福祉利用者主体（消費者主体）の意向が反映されているような表現であるが、この用語を使用する場合、常に念頭に置かなければならない点は、介護福祉利用者が担っている生活問題の介護問題性である（何故ならば、真田是氏が指摘されているように、社会問題としての生活問題の「社会」は、現代資本主義的生産様式に見られるように、経済的必然性によってもたらされる問題と言う意味である[26]）。人権保障としての生存権的平等が、社会問題としての介護福祉利用者の介護問題を前提条件としているのは言うまでもないが、この点の認識が曖昧なものになってしまうと、国（地方自治体も含む）の公的責任も曖昧になってしまう。また、社会福祉基礎構造改革後の介護福祉においては、介護福祉利用者を一方的かつ単なる消費者として捉えている。果たしてそのような関係のみに捉えるのが妥当であろうか。介護福祉と分野が違うが、共同作業所における福祉実践（福祉労働）から示されているように、「我々の歴史は当初から『同じ人間としての人格の対等平等』関係を大切にしてきたし、私たちの原点は、『障害者・家族の願いに応え』『障害者を主人公として』『仲間』として表現されているように、共に創る関係、共に困難を切り拓く関係であり、立場の違いや内部矛盾を内包しつつも、協力と共同関係、共感と信頼関係を基本として創られてきた歴史が[27]」が存在しているように、単なる消費者としての関係ではない。

　矛盾の第 8 点は、利用制度（契約制度）の導入によって、介護福祉利用者と介護福祉施設・介護福祉事業者との対等関係が阻害されていると言う事である。「社会福祉基礎構造改革では…、措置制度に代わり利用制度に転換することとされた。利用制度では、利用者が自ら自分の好む

福祉サービスの種類と事業者を選択することができる。利用者と事業者とが対等の関係になるのである[28]。」と述べているが、果たして対等な関係が成立するのであろうか。小松隆二氏が指摘されているように、「需給どちらの側に立とうと、市場参加者は基本的には自立し、それぞれが・任・意・に・参・加・し・、・対・等・の・立・場・に・立・つ。その反面で、対等性の上に展開される利害の競争を前提にするので、市場で出会う需給両者は、利害がつねに一致するのではなく、むしろしばしば対立する。商品を供給するものは、できるだけ高価に、利益が多く出るように販売しようとするのに対し、需要するものは、できるだけ安価に購入し、コストを低くするように努める。いわば債権・債務関係であり、両者が利害を一つにするというよりも、むしろ利害を異にするのが常である。その結果は、・出・発・点・の・任・意・性・や・対・等・性・の・原・則・を・否・定・す・る・か・の・よ・う・に・勝・ち・負・け・、・不・平・等・、・差・別・の・発・生・で・あ・っ・た[29]。」（傍点、筆者）つまり、利害の競争によって対等性は損なわれると言う事である。また、福祉利用者と福祉施設・福祉事業者との対等関係と言う美辞麗句の言葉の裏に隠されている、言わば義務と責任を全て福祉利用者の当事者に負わせる「商品取引モデル」が社会福祉において妥当であるかと言う問題が存在している。と言うのは、「福祉サービスの提供が、他の消費者問題と決定的に異なるのは、利用者にとって福祉サービスを受ける事が、生存や日常生活の維持に必要不可欠であり、譬えどんなサービスであっても取り敢えずの生存を確保する為に利用をせざるを得ないものである事、しかも施設であれば24時間、在宅や通所のサービスでも一定の時間、サービス提供者と継続的な関係を維持しなければならないと言う特殊な関係性を有している事である。この関係性から、そもそも利用者自身が、事業者と対等な関係に立って、自己に適切なサービスを選択して契約を締結したり、サービスの提供内容について要望や苦情を出してサービスの質の改善を求める事には、内在的・本質的な制約があるといってもいいのである[30]。」

　矛盾の第9点は、介護福祉政策は本来、使用価値＝公益を高めてい

くものでありながら、寧ろ使用価値＝公益を阻害していると言う矛盾が存在している。つまり、「社会福祉そのものは、資本の論理や営利活動とは原則として相いれず、非営利の公益原理に基づくものである。国・自治体の福祉に関する政策や活動は勿論、民間の団体や個人の福祉に関する処遇やサービスのような事業・活動も、原則として公益原理に沿うものである[31]。」にもかかわらず、市場福祉を促進し、減価償却費の導入など一般企業の会計システムを基本として利益の追求が目指されている。

　矛盾の第10点は、市場福祉における競争によって福祉サービスの質の向上が予定されているにも拘わらず、寧ろ福祉サービスの質の低下を招いていると言う矛盾が存在している。福祉サービスの質を規定しているものは、介護福祉労働手段等もさりながら介護福祉労働者自身の質が大きく規定しているし、また、介護福祉労働者自身の質を規定しているものは訓練（教育や研究も含む）・資格（社会福祉士や介護福祉士等）や労働条件等である。ところが、介護福祉施設・介護福祉事業者が利益を高めていく為には剰余価値を高めていく必要があり、その為には社会福祉士や介護福祉士等の無資格者の採用や低賃金かつ劣悪な労働条件を強いると言う矛盾が生成してくる。ゼンセン同盟・日本介護クラフトユニオンの2000年6月から7月にかけての「介護事業従事者の就業実態調査」によれば、「給与の支給形態は、時間給45.8％、月の固定給が45.1％である。時間給制では、1,000円台が41％と最も多く、1,500円未満と合わせると70％に及ぶ。一方、月の固定給制では、金額で最も多い層が15万円から20万円が53％、次いで20万円から25万円が23.3％、そして15万円未満が14.9％であった。また、通勤費については、一部負担が13.4％、なしが20.6％に及ぶ。業務に就く為の移動時間については、有給が50％強に留まっている（なお、待機時間については、登録ヘルパーの91.5％、パートヘルパー57.3％が無給となっている[32]。」そして、「ヘルパーの雇用形態が、正規・常勤ヘルパーの解雇・非常勤・パート化、

有償ボランティア・登録ヘルパーへの転換など、雇用・身分の不安定化が急速に進んでいる[33]。」そして、介護福祉士や社会福祉士訓練も疎かにされている。こうした雇用形態や労働条件等の労働実態から言える事は、実質的な介護福祉サービスの質の低下を招いていると言える。

　矛盾の第11点は、民間企業の参入促進等の市場福祉が図られている一方において、国や地方自治体の公的責任の縮小が行われていると言う矛盾が存在している。国や地方自治体の公的責任は、「利用者の尊厳を確立し、費用負担のための費用を工面し、サービスの供給基盤を整備することである[34]。」と述べているが、果たしてどのような公的責任であろうか。

　社会福祉基礎構造改革後の介護福祉においては、介護福祉利用の高齢者が介護福祉サービスを市場で購入する事を前提に、介護福祉利用の高齢者の購買力を公費や保険給付の形で補完すると言う利用者補助方式を導入した点にある。そして、伊藤周平氏が指摘されているように、「こうした利用者補助方式では、行政責任として現れる国や地方自治体の公的責任の範囲は、従来の措置制度のもとでのサービスの提供と言った直接的なものから利用者の購買力の補完、さらにはサービスの調整などといった間接的なものに縮小、矮小化される。実際、従来の社会福祉事業法第三条では、社会福祉事業の担い手について、社会福祉法人などと並んで『国、地方公共団体』が明記され、同法五条の一では、福祉サービスの実施責任を他者に転嫁することは禁じられていたが、改正社会福祉法では、旧法のこれらの条文が削除され、国や地方自治体の行政責任は、福祉サービスの提供体制の確保、利用促進のための情報提供や相談援助など間接的役割に縮小されている（社会福祉法第六条、第七十五条）[35]。」つまり、「社会福祉基礎構造改革で言われている国や地方自治体の公的責任とは、あくまでも、福祉サービスの直接的な提供責任ではなく、サービスの情報提供や利用援助といったコーディネイト的な責任にすぎない。福祉サービスの供給は、営利法人も含めた民間事業者に委ねる事を前提

に、そうした民間企業の誘致などを行う事が『供給体制の整備』とされているので[36]」、その結果、基盤整備の不十分さが存在している。こうした基盤整備の不十分さの結果、福祉利用者の福祉サービスの選択も抑制され、選択と言う言葉の形骸化が生成してくる。

矛盾の第12点は、介護福祉において追加搾取を強めていく為に、不公平税制を強め、その一方において、介護福祉における応益負担（介護福祉の利用の際の利益に応じて費用を負担する事）の強化と老人福祉財政の削減・圧縮（垂直的所得再分配の絶対的な縮小を意味する）・抑制策の強化と言う矛盾が深刻化する。因みにその不公平税制の実態を見ると、梅原英治氏が指摘されているように、「所得階級別の所得税負担は、高所得層ほど金融所得が多くて分離課税の恩恵を受けるので、合計所得が一億円を超えるほど負担率が低くなっている[37]。」そして、「法人税の基本税率は1989年度まで40%だったのが、90年度から37.5%、98年度から34.5%、99年度から30%、2012年度から25.5%に引き下げられた。さらに研究開発投資減税の拡充（2003年度）による負担率の引き下げのほか、組織再編成税制の創設・改定（2001、2007年度）、連結納税制度の創設（2002年度）、欠損金繰越期間の延長（2004年度、2001年分から遡及適用）、減価償却制度の抜本見直し（2007、2008年度）、外国子会社配当の益金不算入（2009年度）などによる課税ベースの縮小[38]」が行われている。「要するに、法人所得が増加しても、法人税負担が増えないようにされてきたのである[39]。」

(4) 統一（総合）規定における介護福祉と課題

以上のように介護福祉の中には対立的な要因、つまり介護福祉利用の高齢者にとっての使用価値の要因と国家・総資本にとっての価値・剰余価値の要因が存在し、この対立的要因は「一方では、お互いに他を予想しあい、制約しあっているが、しかも同時に他を否定しあい、排除しあっ

ているという関係にある[40]」と言う矛盾対として統一（総合）されているが、これが介護福祉に内在している発展の原動力である。では前述の矛盾を打開し、剰余価値としての介護福祉を没落させ、介護福祉利用の高齢者の多様な潜在能力に対応した必要充足の原理に基づいて使用価値を高めていく介護福祉の実践（労働）課題を考察していこう。

まず第１点の介護福祉実践（介護福祉労働）課題は、介護福祉は現代資本主義社会の生産様式（特に生産関係、つまり生産手段・生活手段が資本の所有にあり、その為に生産物〔介護福祉に必要とされる財貨及びサービスも含めて〕と言う富の私的取得が可能になると言う仕組）に絶対的に規定されているので、また介護福祉労働者は介護福祉労働の為に必要な介護福祉労働諸条件（介護福祉施設及び介護福祉事業所等）から分離されているので（介護福祉労働者の労働力の商品化）、不破哲三氏が指摘されているように、「生産手段（介護福祉労働手段―挿入、筆者）を社会の手に移すことが、（現代資本主義社会における介護福祉労働内の使用価値と価値・剰余価値の矛盾対―挿入、筆者）の解決の合理的な仕方となる[41]」事が将来の課題となる。つまり、生産手段（介護福祉労働手段）を社会の手に移す事は、生産手段の社会化[42]である。また聽濤弘氏も指摘されているように、「生産手段の私的・資本主義的所有を社会的所有に転化することである。これは一過的な『立法的措置』によって樹立される側面と、生産関係の総体としての社会的所有を持続的に確立していく側面とがあり、それぞれ区別されなければならない。前者は法的形態であり、後者は経済的実態である。経済的実態の内容は一過的な行為によって労働者が生産手段の所有者になるというだけではなく、生産手段を労働者が管理・運営することができ、労働者が搾取から解放され生産の真の『主人公』になることを意味する[43]。」そして、「社会主義社会の経済的民主義を確立するために、生産手段の社会化の多様な具体的形態が考えられている。国家、地方自治体、協同組合、株式会社、労働組合、全社員自主管理等を基礎とする多様な所有形態が存在する[44]」。そし

て、介護福祉労働諸条件（介護福祉施設及び介護福祉事業所等）の社会化後は、介護福祉労働は賃労働と言う疎外された姿態を脱ぎ捨て、大谷禎之介氏が指摘されている事を介護福祉労働に置き換えて考えてみると次のようなアソーシエイトした介護福祉労働の特徴を持つ。「①介護福祉労働する諸個人が主体的、能動的、自覚的、自発的にアソーシエイトして行う介護福祉労働である。経済的に強制される賃労働は消滅している。②介護福祉労働する諸個人が介護福祉利用の高齢者に直接的に対象化・共同化する社会的な介護福祉労働である。③介護福祉労働する諸個人が全介護福祉労働を共同して意識的・計画的に制御する行為である。介護福祉利用の高齢者の生活活動（機能）の基盤である人間らしい健康で文化的な潜在能力の維持・再生産・発達の成就を目的意識的に制御すると言う人間的本質が完全に実現される。④協業・自治として行われる多数の介護福祉労働する諸個人による社会的労働である。社会的労働の持つ介護福祉労働力はそのまま彼かつ彼女らの介護福祉労働の社会的労働力として現れる。⑤介護福祉利用の高齢者を普遍的な対象とし、協働・自治によって介護福祉利用の高齢者を全面的に制御する介護福祉実践的行為、即ち介護福祉労働過程への科学の意識的適用である。⑥力を合わせて福祉労働過程と介護福祉従事者とを制御する事、また目的（介護福祉利用の高齢者の人間らしい健康で文化的な潜在能力の維持・再生産・発達の成就）を達成する事によって、介護福祉実践者に喜びをもたらす人間的実践、類的行動である。だから介護福祉労働は諸個人にとって、しなければならないものではなくなり、逆になによりもしたいもの、即ち第一の生命欲求となっている。⑦介護福祉労働する諸個人が各自の個性と能力を自由に発揮し、全面的に発展させる行為である。介護福祉労働する諸個人が共同的社会的な活動のなかで同時に自己の個性を全面的に発揮し、発展させる事ができる介護福祉労働である事、これこそがアソーシエイトした介護福祉労働の決定的な人間的本質である」（基礎経済科学研究所編『未来社会を展望する』大月書店、2010年、17-18頁）。

それゆえアソーシエイトした介護福祉労働は、介護福祉利用の高齢者にとって介護福祉労働の使用価値を高めていく事になる。しかもアソシエーション社会における社会的総労働生産物のうち次のものが控除されると指摘されている。「第一に、直接的に生産に属さない一般的な管理費用。第二に、学校、衛生設備などのような、諸欲求を共同でみたすためにあてられる部分。第三に、労働不能なものなどのための、要するに、こんにちのいわゆる公的な貧民救済にあたることのための基金」（マルクス／エンゲルス〔後藤洋訳〕『ゴータ綱領批判／エルフルト綱領批判』新日本出版、2000年、26頁）のように、介護福祉に必要な基金を社会的総労働生産物からあらかじめ差し引くとしている。

　第2点の介護福祉実践（介護福祉労働）課題は、伊藤周平氏が指摘されているように、「公的責任及び公費負担方式（公費負担方式によって、例外なくすべての国民に、普遍的な権利として介護福祉を提供していくことが可能になるように介護福祉の基盤整備と事業実施を前提として、第1は、生活保護と同様に介護の必要な全ての人に介護請求権を認めた上で要介護者の申請に対する地方自治体行政の応答義務を定め、介護の要否の調査（地方自治体所属のケアマネージャーやケースワーカー等の複数の者が調査を担当する。調査は、要介護者の身体状況の他に、住居の条件や家族の状況等も対象とする）等に関する手続き保障を整備することである。第2は、法に定める客観的要件を充足しさえすれば（地方自治体行政の決定を待つ事なく介護福祉の受給権が発生する）、地方自治体所属のケアマネージャーやケースワーカー等が必要な介護福祉の種類と量を決めケアプランを作成し、その内容が決定される。現物給付は、このケアプランを地方自治体行政に提出してからすぐに可能とし、認定審査会はこのケアプランを審査する機関とする。第3は、健康で文化的な最低限度の介護福祉の水準（要介護度ごとの水準）を現在の生活保護の水準のように、現在の時点において客観的に設定し、その最低限度の水準は決して予算の有無によって決定されるものではなく、むしろこれ

を指導支配していくものとする。第4は、介護福祉の決定手続過程ないし実施過程における自己決定権、プライバシー等の要介護者の保護、権利侵害の救済方法等を整備していく事が必要である。第5は、地方自治体が介護福祉の事業実施責任主体になるので、民間の介護福祉を買い上げて実施していく事とする（その場合、地方自治体の財政的補助によって、民間の介護福祉労働者の待遇改善と労働条件の向上が重要となってくる。」（伊藤、前掲書、97-98頁）また、「国は、状態や介護の必要性に関する大枠のガイドラインをしめすにとどめ、介護の必要性の判定、給付量の『目安』の振り分けは自治体職員、もしくはそれに準じる立場のコーディネーター（ソーシャルワーカー）が利用者、家族との協議を経て決定する。具体的な介護サービスの種類、内容については、利用者とケアマネジャーの協議にもとづき、サービス担当者会議などで決定する仕組みに改める。」（林、前掲書、322頁）

　第3点の介護福祉実践（介護福祉労働）課題は、梅原英治氏が指摘されているように、「消費税がその逆進的負担構造のために所得再分配機能を低め[45]」ているので、「消費税の増税によらず、所得税・法人税・資産課税を再生する[46]」事が課題である。「所得税では、総合・累進課税を追求し、税率については、後退させられてきた累進を少なくとも1998年水準（最高税率75%）には回復する必要がある。2013年度税制改正大綱では、所得税の最高税率について、現行1800万円超40%を2015年度から400万円超45%に引き上げたが、『所得再分配機能の回復』と呼ぶには不十分である。とりわけ配当所得・株式譲渡益に対する時限的軽減税率（2013年末まで10%）の適用をただちにやめて本則20%に戻し、高額の配当・譲渡益に対してはさらに高い率を適用すべきである[47]。」「法人税では、2015年からの税率引き下げ（30-25.5%）を中止し、研究開発税、連結内税制度などの大企業優遇措置をやめることが必要である。そして独立課税主義に立脚して、法人の規模・負担能力・受益の度合いにもとづき適正な税負担を求める法人税制を確立すべきであ

る（段階税率の導入や受取配当金不算入制度の廃止など）。移転価格やタックスヘイブン（軽課税国）などを利用した国際的租税回避は徹底的に防止しなければならない[48]。」また聴濤弘氏が指摘されているように、「福祉の財源がないなら剰余価値から引き出せば良いのである。……。その上で若干具体的にみると現に大企業は250兆円もの内部留保（平成29年8月時点での内部留保が406兆2,500億円に達している－挿入、筆者）を持っている。いま社会保障給付費は94兆849億円である（2008年）。部門別では医療費29兆6,117億円、年金49兆5,443億円、福祉その他14兆9,289億円である。内部留保を引き出せるなら、社会保障の面でも非正規社員問題でも巨大な事ができる事は明瞭である。問題はどのようにして引き出せるかである。賃上げ等の経済的手段で引き出せる方法がある。しかし直接、財源を確保する為には内部留保が違法に蓄えられているものでない以上、内部留保に課税できるように税制を変える必要がある。」（聴濤弘著『マルクス主義と福祉国家』大月書店、2012年、162-163頁）さらに「福祉財源の確保の為に金融投機を規制する金融取引税（トービン税）の導入も緊急の課題である。トービン税の提唱者であるアメリカのノーベル賞受賞経済学者ジェームス・トービン氏の試算では、1995年時点のアメリカで為替取引に0.1％の税を掛けただけで3,120億ドルの税収が得られるとしている。」（聴濤、前掲書、163頁）また不公平な消費税を上げずに不公平な税制を見直す必要がある。「不公平な税制をただす会」が指摘されているように、不公平税制の是正によって「2017年度の増収資産額は国の税金で27兆3,343億円、地方税で10兆6,967億円、合計38兆310億円になっています。」（不公平な税制をただす会編『消費税を上げずに社会保障財源38兆円を生む税制』大月書店、2018年、100頁）これだけの不公平税制の是正額があれば、少なくとも介護福祉財源としては十分であると思われる。

　第4点の介護福祉実践（介護福祉労働）課題は、具体的権利規定の法制化である。と言うのは、社会福祉事業から「社会福祉法への改正によ

る基本的な問題点のひとつとして、この改革が、利用者の権利制を明確にし、選択や自己決定を保障するものとされながら、そしてそのための権利擁護の諸制度を創設したとされながら、社会福祉法上の規定として、福祉サービス利用者の権利性を明確に定めた規定が一切ないという根本的欠陥がある[49]。」それ故、次のような具体的な権利の法制化が課題である。つまり、河野正輝氏が指摘されているように、「(1) 社会福祉(介護福祉—挿入、筆者)の給付請求の権利(給付の要否や程度は、行政庁の一方的な裁量によって左右されるのではなく、社会福祉(介護福祉—挿入、筆者)の必要性の有する人々の請求権に基づいて決定される。そして、給付請求権を権利として受給できるためには、①給付を申請することができること、②適切な基準を満たした給付内容を求めることができること、③いったん決定された給付を合理的な理由なく廃止されないこと等の規範的要素が満たさなければならない)、(2) 社会福祉(介護福祉—挿入、筆者)の支援過程の権利(社会福祉〔介護福祉—挿入、筆者〕の支援過程で誤ったケアや虐待等が行われないことが重要である。その為には、①福祉サービスの種類・内容及びこれを利用する時の権利と義務について知る権利、②自己の支援方針の決定過程に参加する権利、③福祉(介護福祉—挿入、筆者)施設利用者の場合、自治会活動を行い、それを通じて福祉(介護福祉—挿入、筆者)施設の管理運営及び苦情解決に参加する権利、④拘束や虐待等の危害・苦役からの自由の権利、⑤通信・表現・信教の自由の権利、⑥プライバシーの権利、⑦貯金・年金など個人の財産の処分について自己決定の権利等が保障されること)、(3) 社会福祉(介護福祉—挿入、筆者)の費用負担の免除の権利(社会福祉(介護福祉—挿入、筆者)の必要性によって誰でも普遍的に給付請求権が保障される為には、一定の所得以下で社会福祉(介護福祉—挿入、筆者)を必要としながら、それに要する費用を負担できない人々に対して負担の免除が伴うのでなければならない。したがって、①免除を申請することができること、②免除の決定処分を求めることができること、

③あらかじめ定められた徴収基準に反する徴収額に対してはその取り消しを求めることができる等が当然に求められなければならない)、(4)社会福祉（介護福祉―挿入、筆者）の救済争訟の権利（社会福祉〔介護福祉―挿入、筆者〕の給付の内容や費用負担の額等を巡って権利が侵害された時、苦情の申し立て、不服申し立てや訴訟を提起して救済を求めることが保障されなければならない。現行では社会福祉法による苦情解決から、社会保険審査官及び社会保険審査会法、行政不服審査法及び行政事件訴訟法等がある。行政処分に対する不服審査や訴訟等の手段は厳格な手続きを必要とするので、支援過程の苦情解決には必ずしも適さない場合もある。そこでオンブズマン方式等の苦情解決の取り組みが広がりつつある。また、独立の救済機関を設置する)の4つの権利[50]」の下に、国及び地方自治体（都道府県、市町村）の財政責任及び運営責任の下での公的責任を担保した上で、市町村が直接、必要充足の介護福祉を提供していく現物給付型の仕組みを構築していく事が課題である。

　第5点の介護福祉実践（介護福祉労働）課題は、介護福祉利用の高齢者が介護福祉労働（介護福祉労働手段を含む）を効率的に享受し人間らしい健康で文化的な生活を成就する為にも、介護福祉利用の高齢者の生活活動（機能）の基盤である潜在能力の顕在化（発揮）保障の確立と福祉教育等による機能的潜在能力の発達である。と言うのは、アマルティア・センが前述されているように、介護福祉は介護福祉利用の高齢者が実際に成就するもの―彼/彼女の「状態」(being)はいかに「よい」(well)ものであるか―に関わっているものであるから、介護福祉利用の高齢者の能動的・創造的活動（例えば、特別養護老人ホームで高齢者が短歌や陶芸品を作っている等）の生活活動（機能）の基盤である潜在能力や受動的・享受活動（例えば、施設で出された食事を味わい適切な栄養摂取ができること等）の生活活動（機能）の基盤である潜在能力が重要となってくる。従って、介護福祉サービス（手段）そのものの不足・欠如のみの評価に固執するのではなく、さらに生活手段を生活目的（介護福

祉利用の高齢者が介護福祉を使用して人間らしい健康で文化的な生活活動【機能】の基盤である潜在能力＝抽象的人間生活力・抽象的人間労働力の維持・再生産・発達・発揮の享受及び成就）に変換する介護福祉利用の高齢者が能動的・創造的活動と受動的・享受活動の生活活動（機能）の基盤である潜在能力の維持・再生産・発達・発揮の阻害（介護福祉利用の高齢者の潜在能力の不足・欠如）にも注目していく必要がある。もし介護福祉利用の高齢者にこれらの生活活動（機能）の基盤である潜在能力に不足・欠如があるならば、これらの機能的潜在能力の発達の為の学習活動や支援活動等が必要であり支援していく事が課題であるが、これらの機能的潜在能力の内容はアマルティア・センの共同研究者であるマーサ C. ヌスバウム氏の指摘が参考になる。つまり、マーサ C. ヌスバウム氏は、機能と密接な関係があるケイパビリティ（潜在能力）を次のように指摘している。「①**生命**（正常な長さの人生を最後まで全うできること。人生が生きるに値しなくなる前に早死にしないこと）、②**身体的健康**（健康であること〔リプロダクティブ・ヘルスを含む〕。適切な栄養を摂取できていること。適切な住居にすめること）、③**身体的保全**（自由に移動できること。主権者として扱われる身体の境界を持つこと。つまり性的暴力、子どもに対する性的虐待、家庭内暴力を含む暴力の恐れがないこと。性的満足の機会および生殖に関する事項の選択の機会を持つこと）、④**感覚・想像力・思考**（これらの感覚を使えること。想像し、考え、そして判断が下せること。読み書きや基礎的な数学的訓練を含む〔もちろん、これだけに限定されるわけではないが〕適切な教育によって養われた〝真に人間的な〟方法でこれらのことができること。自己の選択や宗教・文学・音楽などの自己表現の作品や活動を行うに際して想像力と思考力を働かせること。政治や芸術の分野での表現の自由と信仰の自由の保障により護られた形で想像力を用いることができること。自分自身のやり方で人生の究極の意味を追求できること。楽しい経験をし、不必要な痛みを避けられること）、⑤**感情**（自分自身の周りの物や

人に対して愛情を持てること。私たちを愛し世話してくれる人々を愛せること。そのような人がいなくなることを嘆くことができること。一般に、愛せること、嘆けること、切望や感謝や正当な怒りを経験できること。極度の恐怖や不安によって、あるいは虐待や無視がトラウマとなって人の感情的発達が妨げられることがないこと〔このケイパビリティを擁護することは、その発達にとって決定的に重要である人と人との様々な交わりを擁護することを意味している〕）、⑥**実践理性**（良き生活の構想を形作り、人生計画について批判的に熟考することができること〔これは、良心の自由に対する擁護を伴う〕）、⑦**連帯**（**A**　他の人々と一緒に、そしてそれらの人々のために生きることができること。他の人々を受け入れ、関心を示すことができること。様々な形の社会的な交わりに参加できること。他の人の立場を想像でき、その立場に同情できること。正義と友情の双方に対するケイパビリティを持てること〔このケイパビリティを擁護することは、様々な形の協力関係を形成し育てていく制度を擁護することであり、集会と政治的発言の自由を擁護することを意味する〕　**B**　自尊心を持ち屈辱を受けることのない社会的基盤をもつこと。他の人々と等しい価値を持つ尊厳のある存在として扱われること。このことは、人種、性別、性的傾向、宗教、カースト、民族、あるいは出身国に基づく差別から護られることを最低限含意する。労働については、人間らしく働くことができること、実践理性を行使し、他の労働者と相互に認め合う意味のある関係を結ぶことができること）、⑧**自然との共生**（動物、植物、自然界に関心を持ち、それらと拘わって生きること）、⑨**遊び**（笑い、遊び、レクリエーション活動を楽しむこと）。⑩**環境のコントロール**（**A政治的**　自分の生活を左右する政治的選択に効果的に参加できること。政治的参加の権利を持つこと。言論と結社の自由が護られること。**B物質的**　形式的のみならず真の機会という意味でも、〔土地と動産の双方の〕資産を持つこと。他の人々と対等の財産権を持つこと。他者と同じ基礎に立って、雇用を求める権利を持つこと。不当な捜

索や押収から自由であること）」（Martha C. Nussbaum（池本幸生・その他訳）『女性と人間開発―潜在能力アプローチ―』岩波書店、2005 年、92-95 頁）等である。そして、介護福祉労働においては、人間らしい健康で文化的な生活活動（機能）の基盤である潜在能力（抽象的人間生活力・抽象的人間労働力）の維持・再生産・発達・発揮が享受あるいは成就できる介護福祉の老人福祉法や介護保険制度・施設等の量的及び質的保障の側面（介護福祉政策的実践＝労働）と介護福祉の特性（使用価値）を活かして、介護福祉利用の高齢者が人間らしい健康で文化的な生活活動（機能）の基盤である潜在能力（抽象的人間生活力・抽象的人間労働力）の維持・再生産・発達・発揮が享受及び成就できる生活活動（介護福祉利用の高齢者の能動的・創造的生活活動と受動的・享受的生活活動の潜在能力の発揮）の支援の側面（介護福祉臨床的実践＝労働）の統一的実践（労働）が課題である。

　第 6 点の介護福祉実践（介護福祉労働）課題は、介護福祉利用の高齢者の能動的・創造的活動（例えば、特別養護老人ホームで高齢者が短歌や陶芸品を作っている等）と受動的・享受活動（例えば、料理を味わい適切な栄養摂取を行う事等）の潜在能力の発揮を促進していく場合、介護福祉労働者は介護福祉利用の高齢者の能動的・創造的活動と受動的・享受活動の潜在能力の認識と支援していく事を介護福祉現場での労働経験によって積み重ね、知的熟練と介護福祉利用の高齢者の能動的・創造的活動と受動的・享受活動の潜在能力を引き出すコミュニケーション能力を向上させていく事が課題である。それには介護福祉労働者の労働・賃金条件の保障と職場での裁量権・自治の確立が必要である。つまり、二宮厚美氏が指摘されているように、前者は「長時間・過密労働に追い込んではならない、生活苦や不安・悩みを抱え込まざるをえない処遇・賃金条件のもとにおいてはならない、ということです。安い賃金で福祉労働者をこき使ってはならない[51]」。後者は、「現在の福祉現場では、新自由主義的改革のもとで、市場化の嵐が吹き荒れる一方で、逆にその

内部では、労働のマニュアル化にそった管理主義、福祉施設のトップダウン型リーダーシップの強化などが横行してい[52]」る中で、「福祉の職場では専門的裁量権にもとづく自治が必要[53]」であると考える。何故ならば、「社会福祉の職場は社会福祉労働者と福祉利用者が相互のコミュニケーションによって運営していく場だと考えるし[54]」、その方が介護福祉利用の高齢者の能動的・創造的活動と受動的・享受活動の潜在能力を引き出せると考える。

　第7点の介護福祉実践（介護福祉労働）課題は、今後、市町村を中心とした地方主権型福祉社会が重要であるならば、地方主権型福祉社会の財政（財源）的基盤となる地方主権的財政（財源）システムを構築していく事である。それには、神野直彦氏が指摘されているように、次のような方法による地方主権的財政（財源）システムの構築が重要である。例えば、「比例税率で課税される比例所得税を、地方税体系の基幹税に据えることは日本では容易である。つまり、個人住民税を10％の比例税にした結果をシュミレーションして見ると、国税の所得税から地方税の個人住民税に3兆円の税源移譲が実現する（2007年に3兆円の税源委譲が実現した）。しかし、地方税体系としては、比例的所得税を基幹税とするだけでは不十分である。と言うのは、比例的所得税では、所得を受け取った地域でしか課税できないし、他の市町村に居住している人々で、その市町村で事業を営む人々、あるいは事業所に働きに来る人々にも課税できないので不十分である。なぜならば、むしろ居住者よりも事業活動をしている人々や働いている人々の方が、市町村の公共サービスを多く利用している。そこで所得の分配地で分配された所得に比例的に課税するだけでなく、所得の生産局面で課税する地方税として事業税が存在しているので、事業税を所得型付加価値税（IVA「所得型付加価値税」＝C「消費」＋I「投資」-D「減価償却費」＝GNP「国民総生産」-D＝NNP「国民純生産」＝W「賃金＋利子＋地代」＋P「利潤」）に改めることによる「事業税の外形標準化」として実現する。事業税を所

得型付加価値税に改めれば、事業税が事業活動に応じた課税となる。そうなると市町村は、公共サービスによって地域社会の事業活動を活発化すればするほど、安定的な財源が確保できる。さらに地方税体系は、こうした所得の生産局面に比例的に課税される地方税を追加しただけでも不十分である。と言うのは、所得の生産局面での課税では、その市町村で生産活動を行う人々にしか課税されないからである。市町村には生産活動だけではなく、観光地や別荘地に見られるように、消費活動を行いに来る人々も市町村の公共サービスを利用しているので、消費に比例した負担を拡充することが必要である。つまり、日本では、現在、こうした地方税としての地方消費税が存在しているので、この消費税のウエイトを拡充していけばよいことになる[55]。」「このように地方税では所得循環の生産・分配・消費と言う3つの局面でバランスをとって課税する必要があり、こうした地方税体系を構築していくことが社会福祉の財源の税方式にとって必要であり課題でもある[56]。」そして、こうした地方税体系でもってしても、人間らしい健康で文化的な最低限度の生活保障である社会福祉の推進の財政（財源）に市町村間の格差が発生した場合、国の地方交付税によって是正していく事が必要となる。

　第8点の介護福祉実践（介護福祉労働）課題は、介護福祉財政の削減・圧縮・抑制と介護保険制度等の改悪に反対する民主統一戦線の結成である。介護福祉の発展を図り介護福祉利用の高齢者にとっての介護福祉の使用価値を高めていく為には、富沢賢治氏が指摘されているように、「国家独占資本主義の手にゆだねて矛盾の増大を許すか、あるいは民主義的な手続きにもとづいて[57]」介護福祉の歪みを正し、介護福祉利用の高齢者の人間的欲求に見合った介護福祉の発展を図っていく必要がある。民主的な統一戦線を結成する為には、介護福祉利用の高齢者及び介護福祉労働者を中心とする「労働者階級が中心的な社会的勢力として主導的な役割を果たし[58]」、「労働者階級の階級的民主統一戦線が不可欠の条件となる[59]。」が、「第一に、要求にもとづく統一行動の発展が必要で

ある。統一行動発展の基本原則は、①一致点での統一、②自主性の統一、③対等・平等と民主的運営、④統一を妨げる傾向にたいする適切な批判、⑤分裂・挑発分子を参加させないことである。第二に、統一行動の繰り返しだけではなく、政策協定と組織協定にもとづいた全国的規模の統一戦線を結成することが必要である[60]。」社会福祉基礎構造改革後の介護福祉は、国の財政難を理由に新自由主義的（新自由主義の考え方は、社会の資源配分を市場の自由競争で実現しようとする。そして、国家の経済への介入は市場の自由競争を制約すると言うことから、国家の福祉への介入も批判する。しかも市場の自由競争によってもたらされた生活の不安定や貧困を市場の自由競争の強化で解決しようとするので、明らかに生活の不安や貧困を拡大するものである）な市場原理の導入・公的資源の削減等といった構造改革の基調が色濃く影響している。そして、構造改革の基調であった適者生存的な市場原理や公的責任の縮小だけが残るとすれば、国民の求める介護福祉に逆行することは言うまでもない。それ故、生活の場である地域（市町村）から、高齢者の介護福祉の必要性や介護福祉現場の実情を踏まえた議論を積み重ねて、どのような介護福祉が望ましいのかについての合意を形成する事が求められている。合意形成においては、社会福祉協議会が「地域の社会福祉問題を解決し、住民生活の向上を目的にした地域住民と公私の社会福祉機関・団体より構成された民間組織[61]」であり、しかも社会福祉協議会の基本要綱においても「社会福祉協議会を『一定の地域社会において、住民が主体となり、社会福祉、保健衛生その他住民生活の改善向上に関連のある公私関係者の参加、協力を得て、地域の実情に応じ、住民の福祉を増進することを目的とする民間の自主的な組織である』[62]」とするならば、市町村の社会福祉協議会の役割が重要になってくる。また、さらに重要なのは、それぞれの市町村において、高齢者の当事者運動等が相互に介護福祉労働者の労働組合等と連携を模索しながら、社会福祉基礎構造改革後の介護福祉に内在している矛盾と介護福祉実践（介護福祉労働）課題を

多くの地域住民に知らせ、その矛盾をそれぞれの市町村における政治的争点にしていく運動の広がり、また運動の側から、介護福祉再編の構想を提示していく活動が、介護福祉の普遍化や介護福祉利用の高齢者本位等の介護福祉の形成に連結していくものであり、いま早急に運動側からの介護福祉再編構想の提示が求められていると考えられる。

【注】

1) 宮本みつ子「生活財の体系」（松村祥子・その他著『現代生活論』有斐閣、1988年、61頁）。
2) 宮本、前掲書、62頁。
3) 社会科学辞典編集委員会編、前掲書、69頁。
4) 富沢賢治氏は、「社会構成体という概念は、社会の基本的な構造とその変動のシステムを明らかにするために、人間の現実的な生活過程の実体的な諸契機を、生産様式・生産関係が社会の土台をなすという観点から、理論的に抽象化・構造化してとらえかえしたものとして理解されうる。」（富沢賢治「社会構造論」『労働と生活』世界書院、1987年、22頁）とし、「さらにまた、全社会的生活過程を内容としてとらえ」（富沢、前掲書、23頁）、「全社会的生活過程は、①経済的生活過程、②社会的生活過程、③政治的生活過程、④精神的生活過程、という四つの側面から成る。」（富沢、前掲書、23頁）とされている。
5) マルクス＝エンゲルス（真下信一訳）『ドイツ・イデオロギー』（大月書店、1992年、54頁）。
6) マルクス＝エンゲルス（真下信一訳）、前掲書、54頁。
7) 富沢、前掲書、23頁。
8) 富沢賢治氏は、「社会的生活過程で問題とされるのは、全体社会あるいは社会総体ではなく、血縁関係と地縁関係からはじまる種々の人間関係（男女関係、親子関係、家族、地域集団、部族、種族、民族など）あるいは主として人間の再生産（自己保存と種の生産）と人間の社会化（社会学でいうsocialization）に関連する小社会集団といった、全体社会の内部に存在する部分社会に関係する生活過程である。経済的生活過程のもっとも基本的な問題が生活手段の生産だとすれば、社会的生活過程のもっとも基本的な問題は人間の生産だといえる。」（富沢、前掲書、25頁）と述べられている。
9) 富沢賢治氏は、「政治的生活過程で問題とされるのは、諸個人、諸集団の政治的諸関連である。これらの関連を階級関係視点から社会構成体のなかに構造化・形態化してとらえかえしたものが『法的・政治的諸関係』『国家形態』である。」（富沢、前掲書、25頁）と述べられている。

10) 富沢賢治氏は、「精神的生活過程は諸個人、諸集団の精神的な生産―コミュニケーションー享受の過程であり、ここで問題とされるのは諸個人、諸集団の精神的諸関連である。精神的生活過程が生み出す産物は、言語、芸術、科学などが数多いが、これらの産物のなかでもとりわけ階級関係に規定されるところが大きい政治理念、哲学、宗教などが、『社会的意識形態』として社会構成体のなかに形態化・構造化される。」（富沢、前掲書、25頁）と述べられている。
11) カール・マルクス（杉本俊朗訳）『経済学批判』（大月書店、1953年、15頁）。
12) 例えば、新自由主義思想（精神的生活過程）により、社会福祉財政の削減・圧縮・抑制が行われているのはもっとも良い例である。
13) 社会科学辞典編集委員会編、前掲書、125頁。
14) カール・マルクス、前掲書、256頁。
15) 真田是編『社会福祉労働』（法律文化社、1975年、42頁）。
16) 二宮厚美著『公共性と民間委託―保育・給食労働力の公共性と公務労働―』（自治体研究社、2000年、122頁）。
17) 1959年度版『厚生白書』、13頁。
18) 富沢、前掲書、75―76頁。
19) フリードリヒ・エンゲルス（全集刊行委員会訳）『イギリスにおける労働者階級の状態』（大月書店、1981年、9頁）。
20) 孝橋正一著『全訂社会事業の基本問題』（ミネルヴァ書房、1993年、165頁）。
21) 有田光男著『公共性と公務労働の探求』（白石書店、1993年、165頁）。
22) 有田、前掲書、165頁。
23) マルクス＝エンゲルスは、国家について次のように述べている。「国家という形態において支配階級の人々は彼らの共通の利益を押し立て、そしてこの時代の全市民社会はその形態のなかでまとまるものである以上、あらゆる共通の制度は国家の手を介してとりきめられ、何らかの政治的な形態をもたせられることになる。法（『国家意志』の見たる―引用者）というものが、あたかも意志、しかもそれの現実の土台からもぎはなされた、自由な意志にもとづきでもするかのような幻想はそこからくる」（マルクス＝エンゲルス.、真下信一訳、前掲書、118頁）つまり、現象上は一般的にあたかも超階級的「公共的」的であるかの如き外観をとるが、土台（生産諸関係の総体）に規定された階級国家である。その意味で、国家は総資本が社会福祉の価値・剰余価値を支配し享受していく事を促進する。
24) 真田是「社会福祉の対象」（一番ケ瀬康子・その他編『社会福祉論』有斐閣、1968年、45頁）
25) 国民健康保険の滞納世帯も全国で約350万世帯にのぼっている。そして、国民健康保険法では、保険料滞納者に対して保険証の返還を求めたり、保険給付を差し止めたりする制裁措置を行う事ができる規定がある。

26）真田、前掲書、38頁。
27）共同作業所全国連絡会編『実践・経営・運動の新たな創造を目指して』(1984年、8-9頁)。
28）炭谷茂編『社会福祉基礎構造改革の視座』（ぎょうせい、2002年、10頁）。
29）小松隆二著『公益学のすすめ』（慶応義塾大学出版、2000年、76頁）。
30）日本弁護士連合会高齢者・障害者の権利に関する委員会編『契約型福祉社会と権利擁護のあり方を考える』（あけび書房、2002年、108頁）。
31）小松、前掲書、161-162頁。
32）加藤薗子「社会福祉政策と福祉労働」（植田章・その他編『社会福祉労働の専門性と現実』かもがわ出版、2002年、27-28頁）。
33）加藤、前掲書、27-28頁。
34）炭谷、前掲書、107頁。
35）伊藤周平著『社会福祉のゆくえを読む』（大月書店、2003年、36頁）。
36）伊藤、前掲書、37頁。
37）梅原英治「財政危機の原因と、打開策としての福祉国家型財政」（二宮厚美・福祉国家構想研究会編『福祉国家型財政への転換』大月書店、2013年、129頁）。
38）梅原、前掲書、129-131頁。
39）梅原、前掲書、131頁。
40）宮川、前掲書、299頁。
41）不破哲三『マルクスは生きている』（平凡社、20001年、155頁）。
42）生産手段の社会化は、「労働者の側が企業を管理し運営していくことであるといえる。最終的に何らかの形態で生産手段を『自分のもの』にすることが管理・運営権を真に保障するものであるが、この権利を獲得することが生産手の社会化のもっとも重要な部分である。」（聽濤弘著『マルクス主義と福祉国家』大月書店、2012年、150頁）。
43）聽濤、前掲書、198-199頁。
44）聽濤、前掲書、149頁。
45）梅原、前掲書、140頁。
46）梅原、前掲書、140頁。
47）梅原、前掲書、140-141頁。
48）梅原、前掲書、141頁。
49）日本弁護士連合会高齢者・障害者の権利に関する委員会編、前掲書、33頁。
50）河野正輝「生存権理念の歴史的展開と社会保障・社会福祉」（社会保障・社会福祉大事典刊行委員会編『社会保障・社会福祉大事典』旬報社、2004年、482-486頁）。
51）二宮厚美『発達保障と教育・福祉労働』（全国障害者問題研究会出版部、2005年、96頁）。
52）二宮、前掲書、96頁。
53）二宮、前掲書、96頁。
54）二宮、前掲書、96頁。

55) 神野直彦「三つの福祉政府と公的負担」（神野直彦・その他編『福祉政府への提言』岩波書店、1999年、296-301頁） 地方税を拡充する事への反対論には、地方税を拡充すれば、財政力の地域間格差が拡大すると言う点にある。しかし、個人住民税の比例税率化で国税から地方税に税源移譲を実施すれば、国税と地方税とを合わせた税負担には変化がないけれでも、地方税だけを見ると、低額所得者は増税となり、高額所得者は減税となる。そうだとすれば、低額所得者が多く居住する貧しい地方の地方税収入がより多く増加し、高額所得者が多く居住する豊かな地方の地方税収がより少なく増加することになる。したがって、地方自治体間の財政力格差をむしろ是正しつつ、自主財源である地方税の拡充が可能なのである（神野、前掲書、298頁）。
56) 神野、前掲書、301頁。
57) 富沢、前掲書、86頁。
58) 富沢、前掲書、89頁。
59) 富沢、前掲書、89頁。
60) 富沢、前掲書、83頁。
61) 社会福祉辞典編集委員会編、前掲辞典、237頁。
62) 社会福祉辞典編集委員会編、前掲辞典、237-238頁。

●著者紹介

竹原　健二（たけはら　けんじ）

社会福祉研究者　1950年鹿児島県生まれ
著書
『障害者福祉の基礎知識』（筒井書房、単著）、『障害者の労働保障論』（擢歌書房、単著）『障害者福祉の理論的展開』（小林出版、単著）、『社会福祉の基本問題』（相川書房、単著）、『現代福祉学の展開』（草文社、単著）、『障害者問題と社会保障論』（法律文化社、単著）、『社会福祉の基本問題』（相川書房、単著）、『障害のある人の社会福祉学』（学文社、単著）、『保育原理』（法律文化社、編著）『福祉実践の理論』（小林出版、編著）、『現代の社会福祉学』（小林出版、編著）、『現代地域福祉学』（学文社、編著）、『現代の障害者福祉学』（小林出版、編著）、『現代の社会福祉学』（小林出版、編著）、『現代障害者福祉学Ｊ』（学文社、編著）、『介護と福祉システムの転換』（未来社、共著）、『現代社会福祉学』（学文社、編著）『障害のある人の社会福祉学原論』（メディア・ケアプラス、単著）、『社会福祉学の探求』（小林出版、単著）、『社会福祉学の科学方法論』（本の泉社、単著）

人間開発シリーズⅢ
高齢者の開発と介護福祉

2018年7月8日　初版　第1刷 発行

著　者　竹原　健二
発行者　新舩　海三郎
発行所　株式会社 本の泉社
〒113-0033　東京都文京区本郷2-25-6
TEL：03-5800-8494　FAX：03-5800-5353
http://www.honnoizumi.co.jp
印刷　株式会社新日本印刷　／　製本　株式会社村上製本所

ⓒ 2018 , Kenji TAKEHARA　Printed in Japan
ISBN 978-4-7807-1698-6　C0036

※落丁本・乱丁本は小社でお取り替えいたします。定価はカバーに表示してあります。
　本書を無断で複写複製することはご遠慮ください。